U0133354

黄檗文库
走进黄檗

黄檗文化之光

——历久弥新的文化自信

定明◎主编

福清市文化体育和旅游局　策划

海峡出版发行集团 THE STRAITS PUBLISHING & DISTRIBUTING GROUP | 福建教育出版社

《黄檗文库》编委会

《黄檗文化之光》编委会

《黄檗文库》总序

黄檗禅、黄檗宗与黄檗学
——构成黄檗文化三大内涵的历史传承及其影响

定　明[1]

黄檗文化扎根于千年的闽赣浙的沃土，以佛教禅文化为内核，是中华优秀传统文化的重要组成部分，为中华文化走向国际性传播做出积极贡献，是海丝文化的重要体现，是中日文化交流互鉴的一座丰碑。纵观历史，黄檗文化在千年的传承、传播过程中经历了从黄檗禅、黄檗宗到黄檗学的三大内涵演进和历史传承，对东亚乃至世界文化产生了深远影响。

一、黄檗禅：临济禅千年传承的思想源头

黄檗禅始于唐大中年间，大扬于两宋，中兴于明清；由黄檗希运禅师创发，义玄禅师传承光大；发展脉络初由福建到江西、安徽，后因义玄禅师从江西到河北，随着临济宗的建立，黄檗禅法由河北传遍华夏大地。由于义玄禅师说自己所传之法皆宗黄檗，因此禅宗史有天下临济皆出于黄檗的历史定论。临济禅法经过两宋的传承弘扬风靡全国，并形成“临济天下”的局面，宋代便已流传至日本。明末清初时期密云圆悟、费隐通容、隐元隆琦三代临济大宗师振兴黄檗，特别是隐元禅师前后两任住持14年多，建立了“黄檗断际希运禅师正派源流”传法谱系，成为明末清初弘扬黄檗禅的巨擘，同时传法扶桑。

构成黄檗禅在禅宗史上的传承和影响，主要有如下三点。

（一）黄檗山、黄檗禅师与黄檗禅

山因僧名，因为禅者，黄檗山成为一座禅宗的名山祖庭，从福建黄檗山到江西黄檗山，因希运禅师早年出家于福清黄檗山，后传法于江西、安徽等地，因其酷爱家乡的黄檗山，把江西宜春鹫峰山改名为黄檗山，开堂说法，四方学徒，海众云集，“自尔黄檗禅风盛于江表”，世人尊称其为黄檗禅师，于大中三年被唐宣宗加谥为断际禅师。

黄檗禅师见地高拔时辈，傲岸独立，雄视天下禅师，曾对弟子说：“大唐国内无禅师，不道无禅，只是无师。”语惊四海，仰山慧寂曾评论说“黄檗有陷虎之机”。黄檗希运禅师禅法高扬心性

1　福建福清黄檗山万福寺方丈、福建省黄檗禅文化研究院院长。

哲学，强调："诸佛与一切众生，唯是一心，更无别法"；"唯此一心即是佛，佛与众生更无别异"[1]；"道在心悟，岂在言说"；"即心即佛，无心是道"[2]；"即心是佛。上至诸佛，下至蠢动含灵，皆有佛性，同一心体。所以达摩从西天来，唯传一心法，直指一切众生本来是佛，不假修行。但如今识取自心，见自本性，更莫别求"[3]。认为顿悟心佛不二，不流第二念，"始似入我宗门"[4]。黄檗禅师强调顿悟，其禅法上承六祖慧能、马祖道一、百丈怀海禅师等人的禅宗直指心性之精神，下启义玄禅师开创临济一宗。

唐宋以来，黄檗山、黄檗禅师和黄檗禅是构成黄檗禅文化的三大要素。两宋之际，江西黄檗山和福建黄檗山的传承与发展至历史新高点，成为了弘扬黄檗禅的中心。由于福建黄檗山是希运禅师创建江西黄檗山的源头，宋代才有"天下两黄檗，此中山是真"的著名诗句，强调福建黄檗山的历史地位。

（二）从黄檗禅到临济宗：天下临济皆出黄檗

根据《临济义玄禅师语录》记载："我在黄檗处，三度发问，三度被打。"义玄禅师先在黄檗禅师座下学法三年，在睦州和尚的鼓励提示下，三度问法黄檗禅师，三度被打。后经大愚禅师提点，顿悟"原来黄檗佛法无多子"的精神，了悟黄檗为其痛下三棒的慈旨，后回黄檗获得希运禅师的认可，并继续留在希运禅师旁修学。根据义玄禅师说法语录和行录记载，义玄禅师前后经黄檗禅师的棒打、考功等多达九次的铅锤逼拶，终于达到炉火纯青境界，棒喝天下，开创禅门中最大宗派临济宗。

黄檗禅师曾对义玄禅师说："吾宗到汝，大兴于世。"[5]义玄禅师欲出世弘化时，曾写信驰书对住沩山的普化禅师说："我今欲建立黄檗宗旨，汝切须为我成褫。"[6]在《五灯会元》中也记载义玄住镇州临济院时学侣云集，一日对普化、克符二禅师说："我欲此建立黄檗宗旨，汝且成褫我。"因此义玄禅师所开创的临济宗也是以传承弘扬其师黄檗禅法为宗旨。

义玄禅师开创的临济宗，在心性论上提出"无位真人"，在自由境界上强调"随处作主，立处皆真"，在禅悟功夫论上提倡"四照用"，在接引学人方法论上运用"棒喝交驰"。义玄禅师的临济禅法是对黄檗禅的弘扬和发展，也是其师黄檗的禅学的内在生命力和恒久价值的强有力佐证。[7]"黄檗山高，便敢当头捋虎；滹沱岸远，亦能顺水推舟。"[8]黄檗禅学在义玄禅师的弘化下传承至明清。黄檗希运禅师将马祖、百丈的大机大用发挥到极致，同时他的说法语录《传心法要》和《宛陵录》把禅宗的心性哲学进行整合，提出创造性诠释，成为禅门论"心"的典范，后世罕与匹敌，其首倡将"公案"作为禅悟的重要途径，成为宋代公案禅和大慧宗杲禅师"看话禅"的源头。可以说，黄檗禅学在心性哲学和接引学人方法上对义玄禅师创建临济宗产生了深远且持久的影响。

宋明以来临济宗成为禅宗最大宗派，由于义玄禅师自称继承和弘扬本师希运禅师的"黄檗宗风"，在禅宗史上有天下临济皆宗黄檗的说法。概而言之，黄檗禅蕴含临济宗逻辑发展的一切芽蘖，

1 《黄檗希运禅师传心法要》，见《马祖四家语录》，石家庄：河北禅学研究所，2007 年，第 87 页。
2 《黄檗希运禅师宛陵录》，见《马祖四家语录》，石家庄：河北禅学研究所，2007 年，第 104 页。
3 《黄檗希运禅师宛陵录》，见《马祖四家语录》，石家庄：河北禅学研究所，2007 年，第 112 页。
4 《黄檗希运禅师宛陵录》，见《马祖四家语录》，石家庄：河北禅学研究所，2007 年，第 19 页。
5 《临济义玄禅师语录》，见《马祖四家语录》，石家庄：河北禅学研究所，2007 年，第 188 页。
6 《临济义玄禅师语录》，见《马祖四家语录》，石家庄：河北禅学研究所，2007 年，第 189 页。
7 刘泽亮：《以心传心——黄檗禅学论》，北京：宗教文化出版社，2020 年，第 1 版，第 268 页。
8 五峰普秀：《临济慧照玄公大宗师语录序》，见《镇州临济慧照禅师语录》，见 CBETA2022.Q1,T47，no.1985，p.495c11-12。

是临济宗风发展的理论酵母，而临济宗的发展，则是黄檗禅宗旨的理论完善和最终实现。[1]

（三）隐元禅师与“黄檗断际希运禅师正派源流”传法谱系的构建

晚明时期黄檗山僧俗邀请临济宗第三十代传人密云禅师住持，随后费隐禅师、隐元禅师相继住持，开启了此后黄檗山临济宗法脉绵延不绝的两百多年传承。

黄檗僧团和外护具有很强的断际禅师法脉源流正统意识。在费隐禅师住持三载时间，黄檗宗风提振，出现再兴态势，在编修崇祯版的《黄檗寺志》时，构建了以断际禅师法脉为源流的传法谱系观念——“黄檗断际希运禅师一派源流”传法谱系。隐元禅师在永历年间重编《黄檗山寺志》时，将此前的法脉传承改成“黄檗断际希运禅师正派源流图”：

断际运—临济玄—兴化奖—南院颙—风穴沼—首山念—汾阳昭—石霜圆—杨岐会—白云端—五祖演—昭觉勤—虎丘隆—应庵华—密庵杰—破庵先—无准范—雪岩钦—高峰妙—中峰本—千岩长—万峰蔚—宝藏持—东明昱—海舟慈—宝峰瑄—天奇瑞—无闻聪—月心宝—幻有传—密云悟—费隐容—隐元琦[2]

以黄檗断际禅师为黄檗山法脉源流的开始，直至隐元禅师，称“黄檗断际希运禅师正派源流”，显然和临济宗以义玄禅师为开宗创始人的源流不同，这体现的是黄檗山的僧团和外护共同具有的强烈宗派源流意识。[3]在明末临济大宗师密云禅师和传法弟子们的努力下，黄檗法脉得以振兴发展。密云禅师应邀住持黄檗虽然不到五个月，但却是费隐禅师、隐元禅师相继住持黄檗的重要缘起。如此，黄檗三代住持皆是临济宗的法脉传承，而临济开宗祖师义玄禅师的本师就是黄檗断际禅师，这便促成了黄檗山与临济法脉的传承、结合，促成了“黄檗断际希运禅师正派源流”传法谱系的观念构建。

黄檗山作为断际禅师道场和法脉传承观念的源头，在隐元禅师住持黄檗期间，不论是黄檗外护，还是隐元禅师本人都在不断重塑黄檗法脉传承的正统性和正当性。在隐元禅师的开堂说法语录中经常提出“向这里消息得恰到好去，许汝入黄檗门，见黄檗人，与黄檗同条合命，共气连枝”[4]，“苟能于此插得只脚，可谓瞎驴之种草，堪接黄檗宗枝”，“苟知来处，可谓瞎驴之种草，堪起黄檗之宗风”[5]等观点。隐元禅师在说法中有意强调黄檗宗风的观念。

隐云禅师的这种祖统性身份构建，不仅塑造传法谱系的正统性和神圣性，也为黄檗持续发展传承提供了制度保障。为了更好传承黄檗法脉，黄檗山还建立了黄檗剃派的传承辈分：

祖法志怀，德行圆满，福慧善果，正觉兴隆。
性道元净，衍如真通，弘仁广智，明本绍宗。
一心自达，超悟玄中，永彻上乘，大显主翁。[6]

1　刘泽亮：《以心传心——黄檗禅学论》，北京：宗教文化出版社，2020 年，第 1 版，第 272 页。

2　《黄檗断际希运禅师一派源流图》，见崇祯版《黄檗寺志》，林观潮标注：《中日黄檗山志五本合刊》，北京：宗教文化出版社，2018 年，第 26 页。

3　林观潮：《临济宗黄檗派与日本黄檗宗》，北京：中国财富出版社，2013 年，第 76 页。

4　《隐元禅师语录》卷一，《嘉兴藏》第 27 册，第 227 页。

5　《隐元禅师语录》卷六，《嘉兴藏》第 27 册，第 251 页。

6　《黄檗法派》，见永历版《黄檗山寺志》，林观潮标注：《中日黄檗山志五本合刊》，北京：宗教文化出版社，2018 年，第 87 页。

共48字辈分传承，隐元禅师是黄檗剃派的第十六代传人，并且将这种黄檗源流的溯源和剃派的传承观念传到了日本。隐元禅师创建京都新黄檗，在宽文年间编修《新黄檗志略》时，将在福建古黄檗的《黄檗断际希运禅师正派源流图》和剃派传承辈分也编入了《新黄檗志略》。这种法派传承观念也影响到隐元禅师晚年编撰《黄檗清规》时对京都黄檗山住持人选的规定：必须是隐元禅师的法系或从唐山古黄檗请人任持。

二、黄檗宗：中日民间交流互鉴的文明丰碑

黄檗宗，是隐元禅师东渡后，在日本创建的一个禅宗分支，是临济宗黄檗派在日本开创的一个新宗派。明代末年，隐元禅师重兴福清黄檗山万福寺，并以此为正宗道场，创立“黄檗断际希运禅师正派源流”的法派传承。福建古黄檗的法脉传承从隐元禅师数传之后，在福建畲族地区的寺院祖塔中出现了从临济正宗到黄檗正宗的转变。

1654年，隐元禅师渡日后，其正法道统和高风亮节，备受日本朝野推崇。《日本佛教史纲》云：“隐元禅师来日本还不到一年，他的道声已传遍东西，似乎有把日本禅海翻倒过来之势。”7年后的1661年，由幕府赐地所建新寺黄檗山万福寺的落成，标志着日本黄檗宗的创立。黄檗宗独树一帜，迅速发展，逐渐融入日本社会，成为江户时期影响力较大的宗派之一，和渡宋求法僧荣西、道元开创的日本临济宗、曹洞宗并列为日本禅宗三派。

总结黄檗宗发展和贡献，有如下五大特点。

（一）本末制度

以京都黄檗山万福寺为大本山，住持人选均由江户幕府将军任命；以大本山作为整个黄檗宗的传法中心；以长崎、大阪、京都等各大寺为末寺，成为黄檗宗的传法基点，形成本末互应的传法制度。

（二）黄檗清规

以《黄檗清规》为黄檗宗发展龟鉴，全文编有祝釐、报本、尊祖、住持、梵行、讽诵、节序、礼法、普请、迁化等共10章，论述“丛林不混，祖道可振”。将明代禅宗丛林清规和信仰生活整体搬迁到日本，其中梵行、讽诵、礼法三章将明代佛教的传戒制度、日常诵读共修和禅堂制度编入清规，为培养僧团品格、丛林道风和宗派有序传承提供了制度基础。准确地说，京都黄檗山万福寺完全复原了福建黄檗山万福寺的明代丛林生活与修行制度。

（三）传戒制度

隐元禅师特别重视梵行持戒对佛教正法久住和个体修道证悟的重要性，对沙弥戒、比丘戒、菩萨戒三坛授戒制度做出明确规范。为此，隐元禅师还著有《弘戒法仪》作为三坛传戒具体的仪轨和行法。《弘戒法仪》对培养清净的比丘僧团发挥重大影响，不仅为黄檗宗提供清净僧才，也为日本佛教培养出众多僧才，直接影响到日本佛教对传戒制度的重视。

（四）法脉制度

以隐元禅师临济正宗法脉为传法依据。并且，将此写入《黄檗清规》作为宗派制度执行，同时确定京都黄檗山自隐元禅师之后，住持人选必须是由隐元禅师一支所传承的临济法脉方可担任。

（五）黄檗祖庭

以福建古黄檗为传法祖庭，以京都黄檗山为大本山，隐元禅师在《开山老人预嘱语》中明确规定，若京都黄檗山住持找不到合适人选，应从唐山——福建古黄檗礼请。福建古黄檗为京都黄檗山

和整个黄檗宗输送传法人才，这个制度一直延续到第 21 代，其间共有 16 位来自古黄檗的禅师担任京都黄檗山的住持，时间长达 129 年之久。

隐元禅师东渡，为扶桑传去已灭 300 年之临济宗灯，德感神物，法嘱王臣，在日本迅速建立黄檗宗，成为日本禅宗的三大宗派之一。黄檗宗的本末制度是源自于日本江户时期政府对佛教的管理制度，而黄檗清规、传戒制度、法脉制度以及到古黄檗延请传法禅师的制度，不仅弘扬了古黄檗宗风，促进了新黄檗的兴隆发展，也为日本佛教的复兴和传承，注入了新鲜纯正的血液，提供了制度性的保障。以黄檗宗为纽带为江户社会所传去的先进文化、科学技术和佛学经义，对江户社会文化经济产生了重要影响。

三、黄檗学：构建黄檗文化与闽学、海丝文化融合互鉴的新学科

黄檗学，是研究、发掘、整理和保护黄檗思想文化、文物、文献的综合性学科。研究聚焦黄檗希运禅师为临济开宗法源，到形成临济宗黄檗派的 800 年，以及隐元禅师东渡开创日本黄檗宗至今 400 年。此外，内容还涉及历代黄檗外护的研究。

黄檗学的研究，以黄檗希运禅师为法源，以临济开宗为起点，以隐元禅师东渡扶桑黄檗开宗为转折点，探寻形成黄檗文化的千年脉络与足迹，着眼黄檗文化形成的闽学之基础，以海丝文化为视角关注黄檗文化在东亚乃至世界传播与交流互鉴的各个领域。主要包括以下四方面。

（一）以福建黄檗山为基点

研究黄檗希运禅师传法江西、临济义玄禅师传法正定，所形成的传承千年的黄檗禅法、临济法脉；研究宋代东传日本的临济禅学、法脉体系以及传法路径；研究从唐代黄檗希运禅师到隐元禅师东渡前八百年来，在闽学和闽文化的视阈下，黄檗文化的特征和内涵；研究历代黄檗外护，在黄檗山和八闽大地留下的多样文学、文化和文明成果。

（二）以隐元禅师东渡为基点

研究历代黄檗东渡禅僧在日本开创黄檗宗，以至发扬并完善黄檗禅法的体系，对日本佛教的思想、制度、信仰生活等方面的影响；研究历代黄檗祖师 360 多年来形成的语录、著作等成果；研究黄檗宗与江户幕府、天皇、法皇的关系及重要交流事件。

（三）以黄檗僧团文化传播为基点

研究黄檗僧团、黄檗外护带去日本并对其经济社会发展带来重要影响的先进文化和科学技术，诸如在儒学理学、书法绘画、诗词歌赋、茶道花道、饮食料理、篆刻雕塑、建筑营造、出版印刷、医疗医药、公共教育、围海造田、农业种植等领域的重要成果。

（四）以密云圆悟、费隐通容、隐元隆琦三代黄檗禅师所传法脉在北京、河北、福建、浙江、广东、台湾等乃至全国各地传承为基点

研究清末、民国以及当代南传南洋新加坡、印尼、越南、马来西亚，北传北美加拿大、美国和澳大利亚各国的弘法成果；研究以黄檗法脉、信众为纽带在促进构成南洋各国汉文化圈方面的贡献和影响，以及在北美、澳洲华人文化圈促进区域多元文化融合、对话和推动中华文化国际性传播的积极贡献。

当下，黄檗学是指以黄檗文献、黄檗禅学、黄檗文学艺术、黄檗文物、黄檗学理论为主，兼及黄檗法脉国际传播为研究对象的一门综合性学科。研究方法则须从文献学、历史学、禅学（哲学）、人类学以及宗教社会学等多维度进行研究。

第一，文献学是以古籍文献为基础，如黄檗禅师传法语录、地方志、黄檗外护和士大夫朋友圈的著作等，文献学研究的是黄檗学的基础内容。第二，黄檗禅文化要具有历史学维度，必须拥有历史学的横向和纵向双重维度。所谓横向维度，即平行维度，研究黄檗与时代社会交错互动的历史传播关系；纵向视野则是侧重黄檗在与时代互动后所形成的法脉传承发展的历史影响。第三，禅学亦即哲学的视角研究黄檗文化的内核，探究黄檗文化传承千年，成为东亚乃至亚洲文化现象的内在驱动力。第四，以人类学的实地考察、田野调研为研究方法，提升对文献、史料等的情景式解读，同时可以弥补文献、史料等缺陷。对实物考察和走访，可以从空间、历史记忆等角度理解黄檗法脉传承和黄檗文化所处地理空间与区域文化相碰撞、相融合的发展轨迹。第五，还要从宗教社会学的立场，研究黄檗禅、临济宗、黄檗宗不同历史时期对东亚社会政治、经济文化、信仰生活、哲学思想、价值观念、现实意义等众多领域的影响。

四、结语：黄檗文化再启新征程

黄檗是一座山，是从福建到江西，从福建到京都的禅宗祖庭名山。希运禅师为唐代大宗师，于福建黄檗山出家，在江西新黄檗山传法，在唐宋时期形成“天下两黄檗”的历史格局。明清时期，隐元禅师应化西东，中兴古黄檗，东渡创建京都新黄檗，促成“东西两黄檗”的法脉传承。

黄檗是一种禅法。黄檗禅，直指人心，见性成佛。黄檗禅的宗风上承马祖、百丈，下启义玄，大机大用，棒喝交驰。义玄禅师创建临济宗，以弘扬本师“黄檗宗风”为使命，临济宗千年的法脉传承皆宗黄檗为思想源头。至明清时期经临济大宗师密云、费隐、隐元禅师三代人的努力，以临济正宗的传承身份住持黄檗山，尤其是隐元禅师进行“黄檗断际希运禅师正派传法源流”的谱系构建，真正完成了黄檗山、黄檗禅和黄檗法脉传承三者的结合，形成黄檗山独特的法脉传承谱系，直至道光时期传法 44 代，历时 260 多年。

黄檗是一个宗派。黄檗宗，是隐元禅师将明清时期中国福建黄檗山所传承的禅法思想、谱系制度、法脉传承、丛林生活、黄檗清规、戒律仪轨等整体搬迁至京都而创建的宗派，与曹洞、临济成为日本禅宗三大宗派。日本黄檗宗的成立，是源自黄檗希运禅师至隐元禅师一脉传承弥久而强大的影响力。以隐元禅师为核心的黄檗历代禅僧东渡传法至今近 400 年，为江户社会传去了先进文化、科学技术和佛学经义而形成的黄檗文化，对日本文化、经济、社会产生深远影响。

黄檗是一门学科。黄檗学，是海丝文化重要代表，以千年黄檗禅文化为内核，以闽学为社会文化背景，以隐元禅师为代表的黄檗东渡历代禅师、黄檗外护为纽带，近 400 年在佛学经义、先进文化、科学技术、海洋商贸等领域传播互鉴，形成具有综合性国际文化的理论学科。希望以黄檗学学科的构建，为未来中日以及欧美学者研究黄檗文化提供方向；希望以学术研究为契机，再现黄檗文化这座中日文化交流互鉴的历史丰碑，为未来黄檗文化交流、弘扬提供历史智慧和经验，希望再开启下一个 400 年中日黄檗文化交流的新征程。

黄檗文化作为中华文明的组成部分，具有千年的文化传承，体现了历久弥新的时代价值；黄檗文化的历代创新，彰显其生生不息的活力；黄檗文化的规范统一，对经济社会产生了鲜活的助力；黄檗文化的融合包容，影响了黄檗信众和社会大众的生活；黄檗文化内含的和平性，是助力世界和平的新动能。

目录

序章

诗文的黄檗

名人的黄檗

人文的黄檗

序章

黄檗文化

写在前面

黄檗文化是一株千年大树，它根植于福建黄檗名山及万福古刹这方沃土。

自唐贞元年间至今，“黄檗”屹立于中华大地千余载，茂盛而生，茁壮而长，根深叶茂，绿荫深密，成为中华优秀传统文化之林的秀木。

黄檗之花，芬芳馥郁，漂洋过海，东至扶桑，香飘加拿大、澳洲、新加坡、越南、印度尼西亚等地，成为国际交流互鉴的津梁。

这本册子，以图文形式，勾画了黄檗之树的轮廓，将这株千年嘉木，呈现大家眼前。

在此，我们可以感受这株大树成长的土地之肥沃，一览大树扎根地基之浑厚，一睹树干高耸之巍峨，一嗅檗花芬芳之雅韵。百年树木，千年成林，黄檗之树，叶茂根深。

让我们共同走进黄檗之树的森林，感受那一片自然、美丽而又清凉、纯粹的绿荫……

黄檗文化是中华传统文化的组成部分，是从福建黄檗山发源，隐元大师及黄檗僧团的东渡弘法，为中日两国人民交流互鉴做出了历史性贡献，他们带去的禅宗精神智慧、儒家思想和忠孝品德，深为日本国民充分吸收和广泛认可，促进了日本经济社会发展、民族素养提升和伦理道德规范，对朝鲜半岛和东南亚各国也产生了文明推进。

2015 年 5 月 23 日，习近平主席在中日友好交流大会上发表重要讲话，讲话中将东渡的隐元禅师称为“隐元大师”，高度评价了隐元大师在中日两国人民文化交往中的历史贡献。

在当今世界，黄檗文化历久弥新，彰显着中华民族的文化自信，依然是中日文化交流的桥梁，是密切两国人民感情的纽带，是促进双方关系健康发展的动力。在推动 21 世纪海上丝绸之路共建和人类命运共同体建设中，黄檗文化具有重大价值和现实意义，黄檗文化之光，必将灿烂辉煌，产生更大影响。

日本黄檗山万福寺伽蓝布局图

黄檗文化发源于福建福清黄檗山，是一种影响十分深远的综合性文化形态。明末清初，临济宗高僧、黄檗山万福寺住持隐元禅师东渡日本，开创了日本禅宗三大派之一“黄檗宗”，僧俗信众曾达数百万人。

黄檗文化系列书影

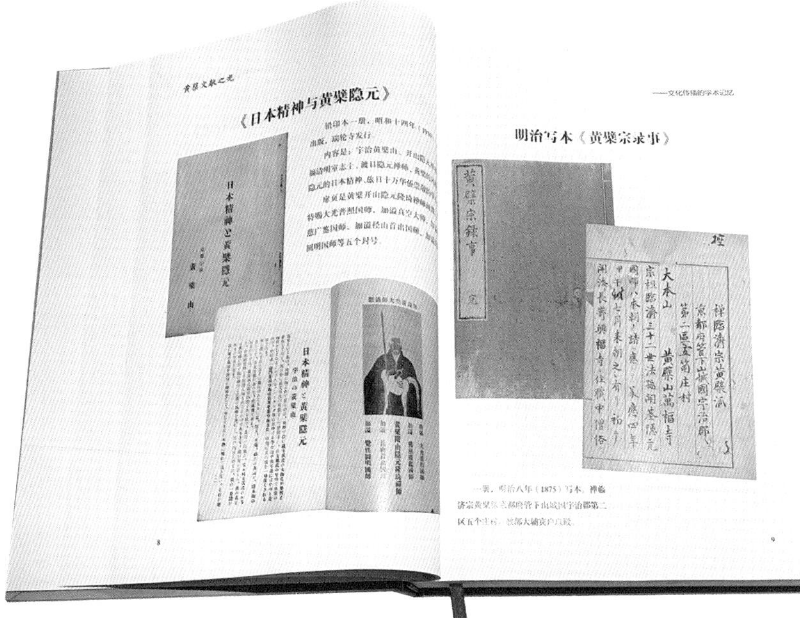

黄檗文化系列书影

隐元禅师和历代黄檗禅僧为日本带去的先进文化、科学技术以及佛教经义，被日本和国际社会公认和统称为黄檗文化。

黄檗文化涵盖了科学技术、工程建筑、书法绘画、医学医药、雕刻出版、饮食烹饪、茶道花道、造桥造田、公共教育等文化业态，具有十分丰富的内涵，对日本江户时期经济社会发展产生了重要影响，为中日两国人民交流互鉴做出了历史性贡献。

“隐元禅师与黄檗文化——从‘纽带·感动·文化交流’而产生新的价值”研讨会

2019年6月30日，“日中论坛”之“隐元禅师与黄檗文化——从‘纽带·感动·文化交流’而产生新的价值”研讨会在日本新长崎酒店举办。长崎县政府知事中村法道、中华人民共和国驻日本国大使馆首席公使郭燕等出席活动。来自中日两国的高僧大德、文化学者、政府官员及居士善信300多人参与了本次活动。

研讨会期间，时任福清黄檗山万福寺方丈戒文大和尚向日本长崎县知事中村法道先生赠送明前的禅茶

首届国际黄檗禅论坛全体代表合影

2019 年 11 月 22 日，“黄檗流芳　祖庭重光”首届国际黄檗禅论坛暨隐元禅师东渡 365 周年纪念大会在福建福清举行。来自多个国家和地区的社会各界人士参加了论坛研讨活动。

日本京都宇治黄檗山万福寺

2020 年 10 月，福建省国际友好联络会向日本京都宇治黄檗山万福寺捐赠 5 万美元，用于寺庙维护修缮。

2020 年 11 月，在隐元禅师东渡 366 周年暨长崎兴福寺建寺 400 周年之际，福建省铸造梵钟“世界和平钟”赠与长崎兴福寺，作为双方黄檗情谊的见证，以此钟祝愿中日永久友好。

中國佛教協會

一衣帶水
黄金紐帶

中國佛教界向日本佛教界捐贈防疫物资

北京灵光寺　河北柏林寺　福建黄檗山万福寺

2020 年 3 月，福建黄檗山万福寺等寺院代表中国佛教界向日本临（济）黄（檗）协会等六大佛教团体捐赠防疫物资。

一千二百年前，鉴真和尚在决定东渡日本的时候，就说了四句话“山川异域，风月同天，寄诸佛子，共结来缘。”后来，日本的长屋王子赠送给中国僧人一千件袈裟，上面用金线也绣着鉴真和尚的这四句话。

2020 年，日本汉语水平考试 HSK 事务局捐赠给湖北高校一批应急物资。在包装箱的外面用加粗字体写着：加油！中国。而在下方，则有一行小字：山川异域，风月同天。

苏州寒山寺石碣

日、美学者关于黄檗文化的研究论述

★美国哈佛大学博士、亚利桑那大学教授吴疆：所谓“黄檗文化”的主要特征，更大程度上是文化层面的而非宗教层面的。万福寺更像是一座文化博物馆，展示着中国文化的博大精深。隐元禅师和他的弟子把诗词、书画、音乐、茶艺、家具、服饰引入日本，还把中国建筑、植物果蔬种植等物质文化也带到了日本。

——[美]吴疆：国际黄檗禅研究论丛之《蹈海东瀛》

★日本京都大学教授、花园大学教授柳田圣山：以黄檗山的建立为象征的中国文化的东传，其影响不仅仅停留在佛教领域。它开启了对以阳明学和水户学为代表的日本文化改革。它还涉及其他领域，如古文辞、国学、汉方中医、社会教育以及福利的普及。除此之外，以文人品味为背景，它还广泛影响了日本人的饮食生活，如煎茶和普茶料理。在这些领域，中国文化的东传触发了巨大的改变。最明显的例子之一就是黄檗僧人铁眼道光刊刻《黄檗版一切经》和进行灾害救济的活动，为日本国定教科书添加了一页。“隐元豆”和“泽庵渍”在日本人的日常生活中深受喜爱。

——[日]柳田圣山：《隐元东渡和日本黄檗禅》

黄檗之名

一、植物的黄檗

据南宋《淳熙三山志》卷第三十六寺观类四记载：“黄檗寺在清远里，以山多黄檗名。”

黄檗树

黄　　檗（黄菠萝、黄柏），拉丁名：Phellodendron amurense Rupr.

科　　名：芸香科。

属　　名：黄檗属。

分布地区：国内主要分布于东北和华北各省，河南、安徽北部、宁夏等也有分布；朝鲜、日本、俄罗斯（远东）也有，也见于中亚和欧洲东部。

形态特征：株高15~22米。树皮木栓层发达，枝干多而短，伸展性很强。羽状复叶对生，叶片墨绿色，由5~13片小叶片组成，秋季颜色为暗黄色或黄色。花朵黄绿色。果实黑色，直径0.8~1.2厘米。

生长习性：喜光，耐寒性强，宜在潮湿、酸性或中性、排水性良好的土壤中生长。深根性，耐水湿，抗腐力强。

用　　途：枝叶茂密，树形美观，可做遮阴树及行道树，也可种植在宅旁、路边、草坪等处。

黄檗树

黄檗与黄檗宗相关联的由来，世人既已熟知。福建福州的黄檗山以盛产黄檗树而闻名。唐德宗贞元年间，以曹溪大师（慧能）的法嗣正干禅师为首，结草庵于兹，云般若台。后至明神宗时期，敕称黄檗山万福寺，使之作为镇护国家的永久道场。隐元隆琦禅师是费隐禅师的法嗣，住万福寺而中兴黄檗之道。明朝永明王永历六年（1652），即日本后光明天皇（1633—1654）的承应元年，隐元禅师应日本长崎兴福寺逸然和尚恳请，于承应三年（1654）东渡长崎开化。宽文元年（1661），为不忘其本，在山城（今京都府）宇治郡开创大和山，号黄檗山万福寺。又云，在此日本之新黄檗山上，原本没有一棵黄檗树，唯以松树之蓊郁而传天籁。

中国的黄檗山在福建省福州府福清县，与台湾淡水港乃一衣带水之地。我曾奉官命，在台湾采集过植物，却未能有机会到达对岸的福州登上黄檗山，甚是遗憾。故在得到比较对照黄檗山的黄檗与日本所产黄檗的良机之前，姑且保留辨别中日两国黄檗的异同，为他日考证（做准备），就中国的黄檗，欲引用二、三书籍，记载如下。

黄檗在《神农本草经》中曰“蘗木”，将根称为“檀桓”。明朝李时珍的《本草纲目》中关于蘗木的词义，云“未详”，“《（神农）本（草）经》言蘗木及根，不言蘗皮，岂古时木与皮通用乎”，又云“俗作黄柏者，省写之谬也”，而将檗解释为黄木。根据树皮黄色，以及云檗、檗木或蘗木，因而称为黄檗或者黄皮。而且由于树皮是黄色，而与所取的日本名

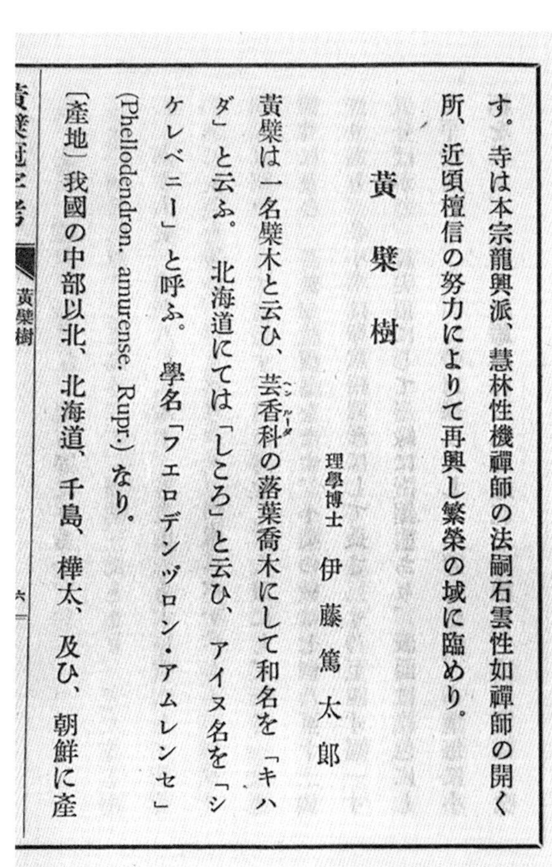

す。寺は本宗龍興派、慧林性機禪師の法嗣石雲性如禪師の開く所、近頃檀信の努力によりて再興し繁榮の域に臨めり。

黄檗樹

理學博士　伊藤篤太郎

黄檗は一名檗木と云ひ、芸香（ヘンルーダ）科の落葉喬木にして和名を「キハダ」と云ふ。北海道にては「しころ」と云ひ、アイヌ名を「シケレベニー」と呼ふ。學名「フエロデンヅロン・アムレンセ」(Phellodendron. amurense. Rupr.) なり。

〔産地〕我國の中部以北、北海道、千島、樺太、及ひ、朝鮮に產

黄檗樹

日本理学博士伊藤笃太郎所作《黄檗树》

“Kihada”很相似。中国古来供之药用。《神农本草经》中，曰其“味苦寒，生山谷，治五脏肠胃中结气热、黄疸肠痔，止泄痢、女子漏下赤白、阴阳蚀疮”，各种本草书，尤其《本草纲目》中，记载其气味药效的内容最为详细。

（节录自伊藤笃太郎《黄檗树》，李贺敏译）

二、药材的黄檗

《中国药典》2020年版一部中介绍了黄柏。兹摘编部分内容如下：

黄柏

本品为芸香科植物黄皮树的干燥树皮。习称“川黄柏”。剥取树皮后，除去粗皮，晒干。

【性状】本品呈板片状或浅槽状，长宽不一，厚1~6毫米。外表面黄褐色或黄棕色，平坦或具纵沟纹，有的可见皮孔痕及残存的灰褐色粗皮；内表面暗黄色或淡棕色，具细密的纵棱纹。体轻，质硬，断面纤维性，呈裂片状分层，深黄色。气微，味极苦，嚼之有黏性。

黄柏炭

【性状】本品形如黄柏丝，表面焦黑色，内部深褐色或棕黑色。体轻，质脆，易折断。味苦涩。

【性味与归经】苦，寒。归肾、膀胱经。

【功能与主治】清热燥湿，泻火除蒸，解毒疗疮。用于湿热泻痢，黄疸尿赤，带下阴痒，热淋涩痛，脚气痿躄，骨蒸劳热，盗汗，遗精，疮疡肿毒，湿疹湿疮。盐黄柏滋阴降火。用于阴虚火旺，盗汗骨蒸。

药材的黄檗

三、名山的黄檗

天下两黄檗，此中山是真。
碑看前代刻，僧值故乡人。
一宿禅房雨，经时客路尘。
将行更瞻礼，十二祖师身。

——宋·翁卷

福建黄檗山：在福建福清，因古时山中盛产黄檗树而得名。康熙《福清县志》卷一记载："黄檗山在县西三十五里，山产黄檗，故名。"山上有十五峰（大帽峰、小帽峰、宝峰、屏幛峰、紫微峰、狮子峰、香炉峰、佛座峰、罗汉峰、钵盂峰、天柱峰、五云峰、报雨峰、吉祥峰、绛节峰）、七石（三台石、飞来石、钓台石、屏石、鼓石、盘陀石、界石）、五岭（马鞍岭、铁灶岭、宫后

从渔溪镇眺望黄檗山

黄檗山吉祥峰下放生池

岭、吉祥岭、绛节岭）、三溪（石门溪、大溪、小溪）、三泉（虎跑泉、罗汉泉、般若泉）、三井（龙井、古井、金仙井），还有蟒洞、下棋垅等。梁朝时，著名诗人江淹尝游于此，留下诗作。宋理学家朱熹、大学士蔡襄、著名诗人刘克庄和明内阁首辅叶向高等诸多名人都曾到此游览并题刻。远望黄檗，但见群峰重峦，古木参天，遥遥看去，松林深幽，气象万千。此处有六大人文景色：道场塔林、峡谷飞瀑、清泉幽径、奇石险峰、古木香茶、名人题咏。

江西黄檗山：原名鹫峰，坐落在宜丰县西北部的黄岗乡黄檗村境内。山高林密，层峦叠嶂，飞瀑鸣泉，极称幽静。山中古迹主要有古寺、塔林、虎跑泉、龟石、飞瀑等。《新昌县志》云："黄檗寺，唐名灵鹫，断际禅师道场也。临济宗风遍于海内外，实于兹得法。"断际禅师即希运，福建福清人。在福清黄檗山出家后，曾云游到灵鹫寺，在此宣扬直指单传的心要。为纪念家乡和出家之地，希运禅师遂改名鹫峰为黄檗山。

江西黄檗山

江西黄檗山断际禅师塔

禅者的黄檗

一、开山正干禅师

巍巍堂堂，开山福唐

晚唐至后唐时期，黄檗山见诸记录的禅师有五位，即唐代开山正干禅师、黄檗希运禅师、懒庵大安禅师、鸿庥禅师，以及后唐黄山月轮禅师。

正干禅师，莆田人，俗姓吴，得法于曹溪，后辞归，至福唐（即今福清）黄檗山，乃忆曰“吾受师记嘱，遇苦即止，其在是乎。”遂结庵于兹，为黄檗之肇始云。正干禅师当时开山黄檗道场为“般若堂”，于唐德宗时期改名为建德禅寺。

永历版《黄檗山寺志》卷首“黄檗山图”

福清黄檗山万福寺回向堂一侧“正干祖师之塔”

二、黄檗希运禅师

不经一番寒彻骨，怎得梅花扑鼻香

黄檗希运禅师绘像

尘劳迥脱事非常，紧把绳头做一场。
不经一番寒彻骨，怎得梅花扑鼻香。

黄檗希运禅师（？—855），福州人，幼年于福清黄檗山出家，后参谒百丈怀海而得法，住高安（今江西宜丰）鹫峰山，筑寺弘法，因酷爱自己出家的黄檗山，遂把鹫峰山改名黄檗山。同时因其独特的禅风，时人尊称其为黄檗禅师。黄檗希运禅师说法语录《传心法要》是禅学思想发展史上的一部重要经典。

黄檗禅风直承六祖、马祖、百丈禅师等人的心性哲学和大机大用的禅法，

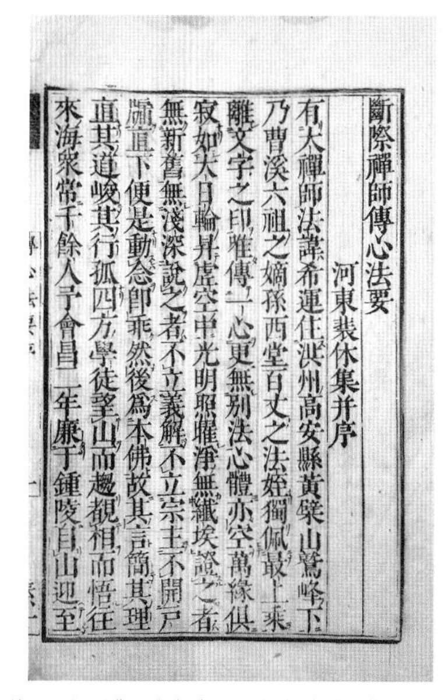

斷際禪師傳心法要

河東裴休集并序

有大禪師法諱希運住洪州高安縣黃檗山鷲峰下
乃曹溪六祖之嫡孫西堂百丈之法姪獨佩最上乘
離文字之印唯傳一心更無別法心體亦空萬緣俱
寂如大日輪昇虛空中光明照曜淨無纖埃證之者
無新舊無淺深說之者不立義解不立宗主不開戶
牖直下便是動念即乖然後為本佛故其言簡其理
直其道峻其行孤四方學徒望山而趨覩相而悟往
來海衆常千餘人予會昌二年廉于鍾陵自山迎至

黄檗希运禅师《传心法要》刊本书影（裴休集并序）

成为晚唐时期禅宗中最为独特的禅风，影响遍及海内外，黄檗道场分布各地。历史上关于黄檗禅师的传说，以及托名黄檗的作品，有些至今还在流传。它们既是佛教与世俗观念相互影响的结果，同时，也是黄檗禅师的影响扩展到世俗文化的表现。凡此种种，跨越时空发生共鸣，构成了一种以“黄檗”为话语中心的文化现象。

黄檗希运禅师的法嗣有临济义玄、睦州道明等十二人，以临济义玄为最。黄檗希运禅师开创了黄檗禅风。义玄在河北正定滹沱河畔开创了临济寺，创立临济宗，使之成为临济祖庭，而黄檗山则成为临济祖源。

福清渔溪镇宣传牌

三、懒庵大安禅师

受业黄檗，两获皇封

福唐（福清）陈氏，讳大安，号懒庵，初受业于黄檗山，习律乘。尝自念言：我虽勤苦，而未闻玄极之理。乃孤锡游方，将往洪州。曾造访百丈禅师，礼而闻曰：学人欲求识佛，何者即是。百丈曰：大似骑牛觅牛。懒庵又问：识得后如何？百丈曰：如人骑牛至家。又问：未审始终如何保任？百丈曰：如牧牛人执杖视之，不令犯人苗稼。懒庵禅师自此开悟，更不驰求。与希运禅师同为百丈禅师法嗣。

唐咸通八年（867），大安禅师回到福建，于福州西郊怡山创建清源寺，清源寺在北宋景佑五年（1038）改称怡山长庆院，后在宣和年间（1119—1125）改称西禅寺。

唐咸通十四年（873）朝廷为大安禅师赐号“延圣大师”，并赐紫袈裟与藏经。唐中和三年（883），大安禅师归黄檗山示寂，塔于西禅寺之楞伽山，续诏赠“圆智大师”。

福州西禅寺老照片

四、临济义玄禅师

一喝起风云，千载行业纯

临济义玄禅师绘像

义玄禅师（？—766），又名临济义玄，临济宗创始人，山东菏泽人，俗姓邢，幼时聪敏，以孝闻名，居讲肆，以为教学不合济世，即投于黄檗座下，行业纯真。曾参于大愚，接得机用，悟得黄檗佛法，受其印可。

义玄禅师曾到河北，住镇州小院，后改为临济禅院，举行棒喝禅风。

棒喝——临济义玄禅师在黄檗禅师处三次问法，三次被棒打而开悟，其后，“棒喝”成为临济义玄禅师接纳新弟子时的独特方法，即不问情由地给对方当头一棒，或者大喝一声，而后提出问题，要对方不假思索地回答。而且每提出一个问题时，适时当头棒喝，其目的是在于考验对方的见地和功夫。

中国佛教界有“临天下，曹半边”的说法，临济宗是中国佛教禅宗最大的宗派。另有“天下临济出黄檗”之说，指的是临济开宗义玄禅师是黄檗希运禅师的嫡传弟子，后滹沱临济一脉，皆宗黄檗。临济宗第三十世密云圆悟禅师、三十一世费隐通容禅师、三十二世隐元隆琦禅师是明代黄檗中兴的三大宗师。

河北正定临济寺石香炉

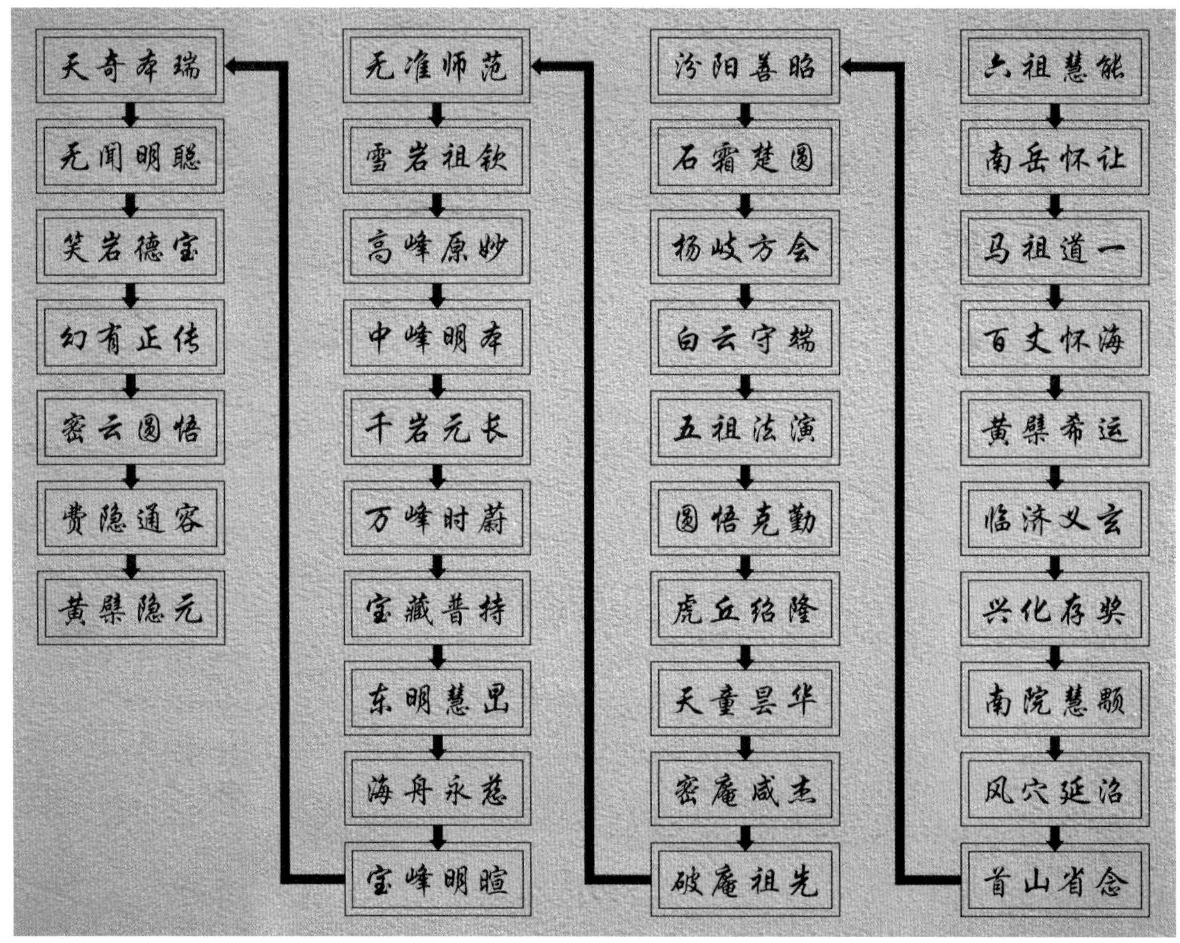

临济宗法脉图

五、鸿庥禅师

宁捐我命，以活生灵

福清黄檗山万福寺塔林之鸿庥禅师塔

唐末黄檗山禅师，福清江阴翁氏子，原籍兴化。唐敬宗宝历年间在渔溪出家，黄檗寺第四代住持。后人为纪念他，在渔溪天柱峰建鸿庥禅师塔，昔人赞云："日出栽松，日入宴寂……山海云月两忘形，千古寒潭照虚室"。

禅师神宇标挺，玄机干运。府宰请他住持黄檗寺，丛萃毳容，示教之外，怡然自乐。恒言夙债须偿，偿尽则何忧何惧，物我俱逍遥矣。人皆不喻其旨。

相传，在唐僖宗广明元年（880），黄巢军队攻占福清，众邀师逃难，师曰：舍生就死，人之所难。我若蹑窜，贼必穷追山林，宁捐我命，以活生灵。是日雷雨晦冥，须臾贼至。师出寺外，脱衲衣于九龙树下磐石之上，言曰：誓不污清净之地。乃安常引颈待刃。后弟子阇维其尸，收舍利七颗，囊而宝之。

隐元禅师赞鸿庥禅师：

不爽宿债，端坐青松，头临白刃，如斩春风。咦。七粒莹然挥不破，至今洞壑犹玲珑。

六、黄山月轮禅师

真狮子儿，善能哮吼

福清人，俗姓许。志学之年，往黄檗山投观禅师禀教，后出家。曾访夹山禅师。夹山问他：汝名甚么？禅师曰：月轮。有一天，夹山问他：子是甚么处人？禅师曰：闽中人。在问答中，夹山赞许禅师：真狮子儿，善能哮吼。乃入室受印，依附七年，方辞往抚州，卜龙济山隐居，玄徒云集。师遂演唱夹山奥旨，道声显著。后归临川，乐栖黄山，谓诸徒曰：吾居此山，颇谐素志矣。仅住十三年，学者无虚往。后唐同光三年（925）十二月坐化，寿七十二。塔于院之西北。

隐元禅师作赞《月轮禅师》：

踏破草鞋，不识和尚，师子嚬呻，猿猴伎俩，捞摝再三归去来，月轮不在秋江上。

之明得手後尋常事耳
吳鍾齋曰禪學宗門了生死不及名節事余每
謂朝聞夕可及有殺身成仁無求生害仁二語
爲吾儒了生死處如鴻麻禪師臨難不苟免以
犬豕罵賊死豈非仁人志士者乎山憩閱黃檗
志取其有合于名教故特表而贊之曰九龍樹
下風因慣不動[illegible]試劍鋒白乳逆流心血赤
人中鐵漢法中王　　右法系未詳
後唐
黃山輪禪師

黃檗山志　卷三

師諱月輪福唐許氏子志學之年詣本邑黃檗山
寺投觀禪師稟教及圓戒品遂遊方抵淦水謁三
峰機緣靡契尋聞夾山盛化乃往叩之山問汝名
甚麼師曰月輪山作一圓相曰何似者個師曰和
尚恁麼語話諸方大有人不肯在山曰闍黎作麼
生師曰還見月輪麼山曰闍黎恁麼道此間大有
人不肯諸方師乃服膺參訊一日山抗聲問曰子
是甚麼人師曰閩中人山曰還識老僧麼師曰和
尚還識得學人麼山曰不然子且還老僧草鞋錢
然後老僧還子廬陵米價師曰恁麼則不識和尚
也未審廬陵米作麼價山曰真獅子兒善能哮吼
乃入室受印依附七年方辭往撫州卜龍濟山隱
居玄徒雲集師遂演唱夾山奥旨道聲顯著後歸
臨川樂棲黃山謂諸徒曰吾居此山頗諧素志矣
僅住十三年學者無虛往以後唐同光十二月廿
一日示寂二十六日午時坐化壽七十二臘五十
三塔于院之西北　　右青原下
明
重興大休禪師
師諱大休莆田人結茅山中法從頗衆莆心豔周

《黄檗山志》关于月轮禅师的记载

七、妙湛思慧禅师

了得生死，能有几个

思慧禅师，字廓然，赐号妙湛。钱塘（今浙江杭州）人，俗姓俞。《嘉泰普灯录》记载表明，思慧禅师是在大通善本禅师门下剃度，后来参谒云庵真净禅师，曾住持径山、净慈寺。应皇帝御诏，居京师开封大相国寺智海禅院，后来到黄檗寺，最后驻锡的是福州雪峰寺。禅师为青原下十三世，法云大通善本禅师法嗣。高宗绍兴十五年卒，年七十五。

对于妙湛思慧禅师驻锡黄檗一事，在崇祯版《黄檗寺志》卷一“寺”中的“桥”一条记载：“外拱桥，桑池园之西，即古山门外。旁有勒石碑，载：宋时僧妙湛募造。”

《补续高僧传》卷十一“了一传”记载：“会妙湛来莅黄檗，师自雪峰至，学成行尊，众推为上首。”这条史料说明，妙湛禅师住持黄檗寺后，了一禅师从雪峰赶来黄檗，被僧众推为首座。

因修为精进，妙湛思慧禅师吸引着众多的儒者士大夫，陆游、张元干、工部尚书廖刚都为他写诗唱和。例如，张元干曾写有《留寄黄檗山妙湛禅师》。

妙湛思慧禅师诗文造诣深厚，在他的偈语里，有许多金句流传。比如：天地一指，万物一马。一法既通，万法无碍。一番云过一番雨，半日阴来半日晴。

在下面这首偈颂里，妙湛禅师慨叹光阴流逝，阐发面对无常，做到明了生死的重要：

> 青春易过，白日难留。
> 始见新年，又将一月。
> 生死事大，人皆知之。
> 了得生死，能有几个。

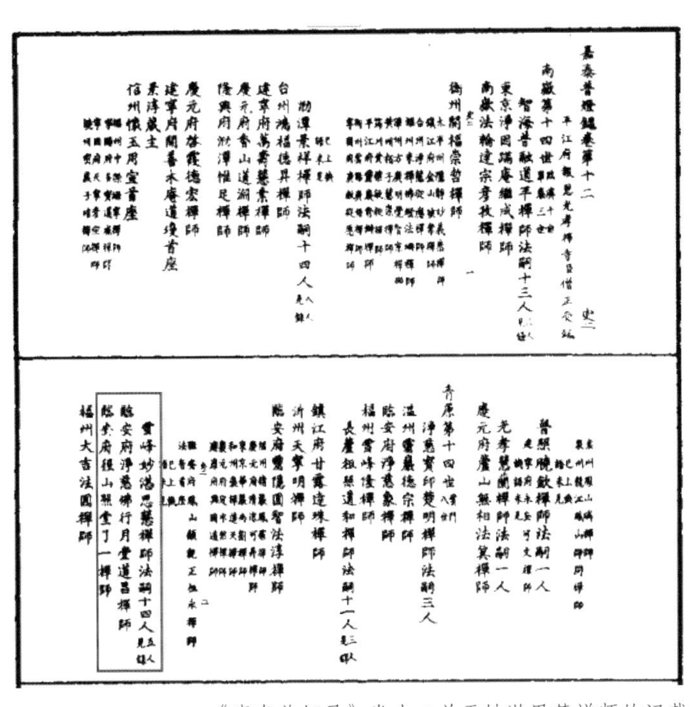

嘉泰普燈錄卷第十二

南嶽第十四世

智海普融道平禪師法嗣十三人

東京淨因蹣庵繼成禪師

南嶽法輪達宗彥孜禪師

衢州闕福宗誓禪師

勸潭景祥禪師法嗣十四人

台州鴻福德昇禪師

建寧府萬壽慧素禪師

慶元府香山道淵禪師

隆興府泐潭惟足禪師

慶元府雪竇德宏禪師

建寧府開善木庵道瓊首座

景淳藏主

信州懷玉用宣首座

普照曉欽禪師法嗣一人

光孝慧蘭禪師法嗣一人

慶元府盧山無相法真禪師

青原第十四世

淨慈寶印楚明禪師法嗣三人

溫州靈巖德宗禪師

臨安府淨慈象禪師

福州雪峰慢禪師

長蘆祖照道和禪師法嗣十一人

鎮江府甘露達珠禪師

沂州天寧明禪師

臨安府靈隱圓智法淳禪師

雪峰妙湛思慧禪師法嗣十四人

臨安府淨慈佛行月堂道昌禪師

臨安府徑山照堂了一禪師

福州大吉法圓禪師

《嘉泰普灯录》卷十二关于妙湛思慧禅师的记载

八、照堂了一禅师

若无闲事挂心头，便是人间好时节

照堂了一（1092—1155）禅师，号照堂，俗姓徐，明州奉化（今浙江奉化）人。十四岁的时候，在大云寺出家。了一禅师先后移住石泉寺、圣泉寺，被福州知府叶梦得迎至黄檗道场。从福清黄檗山，又到了闽侯雪峰寺。绍兴二十四年（1154 年），奉诏住持径山能仁禅院，第二年圆寂径山，世寿六十四。

《补续高僧传》卷十一“了一传”有福州知府叶梦得将照堂了一禅师“迎至黄檗道场”的记载：“改莅圣泉，会左丞叶梦得来守福。曰：‘黄檗古道场，今世名缁，孰逾一公者。’饬使者具书币以迎师。至闽境，缁素奔走出迎，欢呼踊跃”。可见，在宋代，黄檗寺就是高官眼里的古道场。了一禅师影响很大，他一进入福建，老百姓就奔走相告，欢呼雀跃迎接他的到来。

了一禅师有著名的《颂古二十首》，其中最著名的是：

春有百花夏有热，秋有凉风冬有雪。

若无闲事挂心头，便是人间好时节。

了一禅师尚有诸多偈语，闪耀着黄檗禅师的智慧光芒：比如：山高不碍白云飞，竹密不妨流水过。须知天地共同根，万物从来元一体。万事但将公道断，任教四海动干戈。大雄不费纤毫力，良马何曾用举鞭。如今四海平如掌，云自高飞水自流。大海都来一口吸，更无南北与西东。

箇漢出来道和尚這箇是三家村裏保正書門底為甚麼將来華王座上當作宗乘秖向他道牛進千頭馬入百疋

臨安府徑山照堂了一禪師明州人上堂參玄之士觸境遇緣不能直下透脫者蓋為業識深重情妄膠固六門未息一處不通絕點純清舍生難到直須入林不動草入水不動波始可順生死流入人間世諸人要會麼以拄杖畫曰秖向這裏薦取

《五灯会元》关于了一禅师的记载

九、重兴大休禅师

状元铭塔，皇帝赐葬

明洪武年间高僧，莆田人。结茅修行于福清黄檗山中，法从颇众。洪武二十三年（1390），莆田名士周心鉴闻其声名，遂往访之。周心鉴感慨栋宇之倾圮，不足以庄严佛像而安居僧众，悉捐己赀以重兴之。所需物资无论巨细，皆自莆田航海而来。扩展基址，视前宏拓。重建栋宇，复成巨观。恢图香灯田，前后百余亩。

大休禅师确立伽蓝规制，自本山绛节峰落脉而下，建为法堂，次为大雄宝殿，殿之前有放生池，池边石桥二门，其东为香积厨，西为转轮藏。前有内水自天柱峰下石门溪而来，远五里许，绕寺而东上，有拱桥跨岸而过。更出五十步，为天王殿，殿而下为甬道，长可七十余丈，即三门。门左右有伽蓝祖师二堂，及十方寮舍。于是殿阁从新，一时伟丽崇盛。莆田周轸《心鉴公建寺始末纪》，曾录大休所作偈一首，曰："不立孤危不背宗，水银坠地镜悬空。道人看尽西湖景，画艇依然系晚风。"

崇祯版《黄檗寺志》记载：幢幡峰西为大休禅师墓，前有塔院，基址颇巨，有石柱十余条，石人望柱各二，列于甬道。为国初所赐葬者。

明洪武年间大休禅师墓园石人

十、中天正圆禅师

请藏镇弘基，御赐紫袈裟

中天正圆禅师（1542—1610），重兴福清黄檗山万福禅寺。明嘉靖二十一年（1542）出生于福建惠安陈家。自幼失去双亲，十多岁就行船谋生。生性忠良，利物济人，虔信佛教，重法轻身，见义勇为。因航海来到福清万安。嘉靖四十年（1561），往福州高盖寺礼大庵和尚为师，剃度出家，为临济宗第三十四代。

隆庆年间（1567—1572），中天往住福清黄檗山，见寺院破败，几成废址，坚志发愿恢复。数年努力，赎回部分寺院产业，重建大雄宝殿。万历二十九年（1601），不顾年已六十，毅然前往京城，奏请朝廷御赐龙藏。多方求告，历苦万状，未遂其志，于万历三十八年（1610）五月十六日，圆寂于长荣茶庵。中天圆寂后，其两位徒孙鉴源兴寿与镜源兴慈，继承祖志，入京继续请藏。万历四十二年（1614）秋，叶向高（1559—1627）从中斡旋，神宗为超荐母亲，选择福清黄檗山为祈福道场之一，赐给大藏经，并赐名万福禅寺。

中天正圆禅师以及鉴源、镜源禅师“赐紫护藏”合葬塔

中天禅师在福清黄檗山继承了自高峰祖师以来的剃度宗派，其字号为“祖法志怀，德行圆融。福慧善果，正觉兴隆。性道元净，衍如真通。弘仁广智，明本绍宗”。

隐元禅师在剃度宗派上是中天禅师以下第四代，即中天正圆→觉田法钦→鉴源兴寿→隐元隆琦。

另外，值得一提的是，清朝初期以来，厦门虎溪岩寺形成了一个剃度宗派——虎溪派系，在闽南佛教中颇具影响。虎溪派系的实际创始人石龙元飞（1672—1742），在剃度宗派上尊中天禅师为始祖，其传承是：中天正圆→觉田法钦→鉴源兴寿→时恒隆瑞→良守性观→惟量道建→石龙元飞。

十一、密云圆悟禅师

第一代开法，曾入《遗民诗》

密云圆悟禅师（1566—1642），明末临济宗大宗师，江苏宜兴人，俗姓蒋，号密云，家世务农。年轻时，以读《六祖坛经》而知宗门之事。年二十九，从幻有正传剃度出家。明万历三十九年（1611），嗣正传衣钵。万历四十五年（1617），继席龙池院。其后，历住天台山通玄寺、嘉兴广慧寺、福州黄檗山万福寺、育王山广利寺、天童山景德寺、金陵大报恩寺六大名刹，对晚明禅宗复兴具重要贡献。

明崇祯三年（1630）三月至八月密云圆悟禅师住持黄檗法席，后由嗣法弟子费隐通容禅师住持，费隐禅师传隐元禅师，祖孙三人共同振兴黄檗，使之成为东南禅林重镇。

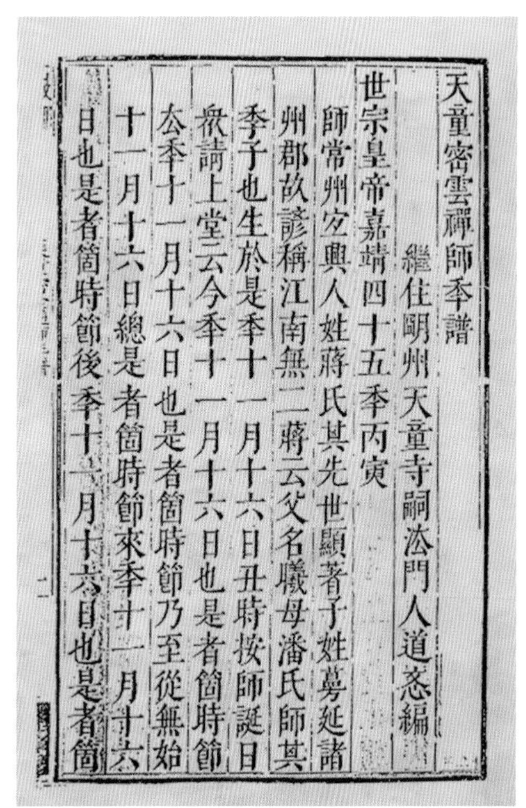

天童密雲禪師年譜

繼住明州天童寺嗣法門人道忞編

世宗皇帝嘉靖四十五年丙寅

師常州宜興人姓蔣氏其先世顯著子姓蕃延諸州郡故諺稱江南無二蔣云父名巖母潘氏師其季子也生於是年十一月十六日丑時按師誕日衆請上堂云今年十一月十六日也是者箇時節去年十一月十六日也是者箇時節乃至從無始十一月十六日總是者箇時節來年十一月十六日也是者箇時節後年十一月十六日也是者箇

《密云禅师年谱》书影

十二、费隐通容禅师

不过古人关，岂踏今时路

费隐通容禅师（1593—1661），俗姓何，福清人。明末清初著名禅师，住持过余杭径山寺、天童寺、福严寺、黄檗山万福寺。

少孤，年十四出家，久依云门，继参寿昌、博山、天童诸大师，嗣法天童密云圆悟禅师。后随其回闽住山黄檗，明崇祯六年（1633）密云圆悟禅师退居，费隐通容禅师继席。著有《费隐禅师语录》十四卷，《费隐别集》十八卷，《五灯严统》二十五卷，《五灯解惑篇》一卷，《丛林两序须知》一卷，其住持黄檗山三载，对明末万福禅寺的中兴起到了承前启后的作用。

通容禅师为明末清初禅门宗匠，对提振临济宗风贡献卓著。其弟子亘信行弥禅师辅佐隐元禅师在先，后又传法于漳州、泉州等地，开创南山“五云”派系，对闽中佛教及东南亚诸国颇具影响。

《佛祖像赞》中费隐通容禅师绘像

《费隐禅师语录》的编撰者赞禅师为“师之道大，故摄者众；师之门竣，故登者难；师之法严，故闻者慑；师之德尊，故诒者远”。

费隐禅师曾口占一偈：“吾年二十五，气海吞佛祖。不过古人关，岂踏今时路。”

福清黄檗山万福寺塔林费隐通容禅师舍利塔

十三、亘信行弥禅师

喝云法脉，分灯闽南

亘信禅师（1603—1659），字行弥，黄檗费隐通容禅师法嗣，临济宗第三十二代，厦门同安蔡氏子。十七岁时，在梅山雪峰止安禅师座下剃发。得法于黄檗费隐通容禅师，协助隐元禅师重兴黄檗，担任过黄檗首座，是自密云圆悟禅师中兴黄檗以来，继隐元禅师后第四任住持，后开法闽南，圆寂雪峰。

崇祯年间，费隐通容禅师住持福清黄檗期间，亘信禅师启关直往黄檗，依费隐通容禅师学法，与隐元禅师成为同门。崇祯九年（1636），温陵檀越请亘信住南安大罗山栖隐禅院。

崇祯十七年（1644）三月，隐元禅师主席黄檗八年后，写下一篇《请亘信行弥法弟住黄檗启》，把法席让给师弟亘信行弥和尚，便前往浙江海盐金粟山广慧寺，去省觐本师费隐通

漳州南山寺

容禅师。

隐元禅师在《请亘信行弥法弟住黄檗启》中，真切表达渴望亘信行弥法弟代替他住持黄檗的殷殷之情。隐元禅师说：开宗立派传承宗师之风，最重要的是要靠“莫逆心腹”，开辟正法道场，“妙在彻骨弟兄”；要靠“家里人成家里事”，要“肝胆豁来共赤”；亘信行弥法弟“德涵海岳，道契尘寰”；黄檗山的僧众瞻望法弟道风已久，地方士绅也渴望法弟来开示弘化；我和黄檗两序大众，恭候法弟持白杖主法黄檗，亲自聆听狮子哮吼，这才是“快平生之愿”的大吉之事，以此“满足旷劫之心，庶浪子知归，山灵有幸”。接到隐元禅师的“邀请函”后，亘信禅师不负众望，来到黄檗升座主法。

后来，在隐元禅师离开黄檗去金粟、福严、龙泉期间，亘信行弥禅师写下《请隐元禅师回山书》，信中写道，黄檗祖席如此重要，非法兄道德光大，莫能振其弘规，所以，还是请法兄早日回山，“以安常住，慰四众之望”。顺治三年（1646）正月二十五日，隐元禅师回到黄檗道场。

亘信行弥禅师曾先后住持南安大罗山栖隐禅院，中兴漳州南山寺，开创临济宗南山法派，门下出喝云、潜云、锦云、白云、法云等，后唯喝云一脉传承不坠，分灯闽南，传法南洋。

据《五灯全书·福州雪峰亘信弥禅师》记载，亘信禅师于顺治十六年（1659）初秋圆寂。当时，众请遗偈。亘信说：“往往说了死不得，要行便行，用偈作什么？”遂跏趺而逝。世寿五十七，奉全身塔于雪峰之麓柽洋，此塔后改移漳州南山寺。

诗文的黄檗

一、“远看方知出处高”

唐宣宗李忱与黄檗

唐宣宗像

清道光版《黄檗山寺志》记有唐宣宗与黄檗希运禅师观瀑布联句：

千岩万壑不辞劳，远看方知出处高。

——黄檗希运禅师

溪涧岂能留得住，终归大海作波涛。

——唐·李忱

相传，唐宣宗李忱未登基时，曾出家数载，追随黄檗希运禅师学法。

一日，他与希运禅师游山，至一瀑布前，希运禅师突然吟诵道：“千岩万壑不辞劳，远看方知出处高。”李忱立即接对：“溪涧岂能留得住，终归大海作波涛。”下联对得天衣无缝，但希运禅师说的是佛法道理，而李忱谈的却是自己未来的龙庭之志。

后来，李忱继皇位，是为唐宣宗，执政十三年，精勤治道，号称小太宗。希运禅师于大中三年圆寂于黄檗，唐宣宗敕谥“断际禅师。”

二、“江郎才尽”

吏部尚书江淹与黄檗

江淹（444—505），河南商丘人，一生仕宋、齐、梁三朝，官至吏部尚书。梁武帝封他为临沮县开国伯，不久又改封为醴陵侯。江淹62岁去世，梁武帝为他穿素服致哀。江淹为黄檗写下的《游黄檗山》是目前已知的有关黄檗山最早的文学诗句。

江淹绘像

游黄檗山

［梁］江淹

长望竟何极？闽云连越边。南州饶奇怪，赤县多灵仙。
金峰各亏日，铜石共临天。阳岫照鸾采，阴溪喷龙泉。
残帆千代木，墙崒万古烟。鸟鸣丹壁上，猿啸青崖间。
秦王慕隐沦，汉武愿长年。皆负雄豪威，弃剑为名山。
况我葵藿志，松木横眼前。所若同远好，临风再悠然。

三、“苏黄米蔡”

福建转运使蔡襄与黄檗

蔡襄（1012—1067），字君谟，福建仙游人。北宋名臣，书法家、文学家、茶学家。

在福州时，去民间蛊害；在泉州时，与卢锡共同主持建造洛阳桥；在建州时，倡植七百里驿道松，主持制作北苑贡茶“小龙团”。所著《茶录》总结了古代制茶、品茶的经验；《荔枝谱》被称赞为“世界上第一部果树分类学著作”。

蔡襄写有诗《过黄檗听彬长老谈禅》：

一圆灵寂本清真，谁向清波更问津。
欲说西来无见处，奈何言句亦前尘。

蔡襄像

蔡襄《蔡录》石刻拓本

四、铁面御史

北宋大学士赵抃与黄檗

赵抃（1008—1084），字阅道，号知非子，浙江衢州人。北宋名臣，以龙图阁直学士知成都府。宋神宗时右谏议大夫、参知政事。以“铁面御史”之令誉载入《二十四史》的，只有他一人。赵抃在宋代历事三帝，为政四十五年，官至副相，五任御史。赵抃在朝弹劾不避权势，时称“铁面御史”。平时以一琴一鹤自随，为政简易，长厚清修，日所为事，夜必衣冠露香以告于天。赵抃逝世后，朝廷追赠太子少师，谥号“清献”。著有《赵清献公集》。

赵抃曾游福清黄檗山，并写有《题灵渊》一诗：

灵渊无底石嵌空，万丈飞泉落半峰。
寄语鱼虾莫相侮，此中蟠蛰有蛟龙。

赵抃像

赵抃读书图

五、享祀孔庙

儒学大师朱熹与黄檗

朱熹像

朱熹（1130—1200），字元晦，又字仲晦，号晦庵，晚称晦翁。祖籍徽州府婺源县（今江西婺源），生于南剑州尤溪（今属福建尤溪县）。南宋时期理学家、思想家、哲学家、教育家、诗人。

《朱文公文集》记载，南宋庆元五年（1199），黄檗圆悟禅师圆寂，朱熹来到黄檗山祭塔，以诗悼之，写下《香茶供养黄檗长老悟公故人之塔并以小诗见意二首》：

其一

摆手临行一寄声，
故应离合未忘情。
炷香瀹茗知何处，
十二峰前海月明。

其二

一别人间万事空，
他年何处却相逢。
不须更话三生石，
紫翠参天十二峰。

六、理学正宗

西山先生真德秀与黄檗

真德秀(1178—1235)，福建浦城人 。南宋后期理学家、大臣，学者称其为“西山先生”。朱熹之后的理学正宗传人，在确立理学正统地位的过程中发挥了重大作用。所修《大学衍义》，成为元、明、清三代学子必读之书。

在福州知府任上，真德秀曾到黄檗山龙潭祈雨，《黄檗山寺志》记录了《龙潭祈雨词》：

伏以万民之天，所仰莫如穑事之难。六月之雨不时，深惧田功之失。眷兹百里之区，实在百闽之首。

真德秀像

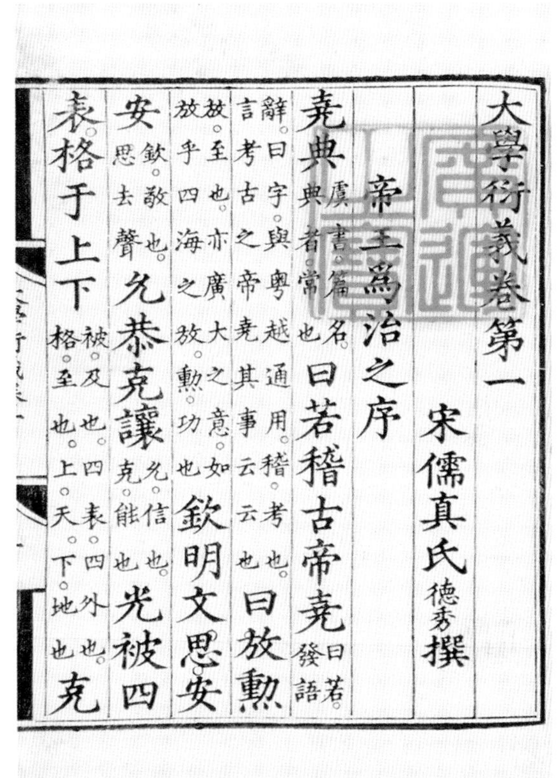

大學衍義卷第一

宋儒真氏德秀撰

帝王爲治之序

堯典虞書篇名典者常也曰若稽古帝堯曰若發語辭曰字與粵越通用稽考也言考古之帝堯其事云云也曰放勳放至也亦廣大之意如放乎四海之放勳功也欽明文思安安欽敬也思去聲允恭克讓允信也克能也光被四表格于上下被及也四表四外也格至也上天下地也克

真德秀《大学衍义》书影

七、编《千家诗》

南宋文坛领袖刘克庄与黄檗

刘克庄（1187—1269），初名灼，字潜夫，号后村，福建莆田人。南宋豪放派词人，江湖诗派诗人。多次到黄檗行脚，曾写有《黄檗山》：

出县半程遥，松间认粉标。
峰排神女峡，寺创德宗朝。
鹳老巢高木，僧寒晒堕樵。
早知人世淡，来住退居寮。

刘克庄墓碑

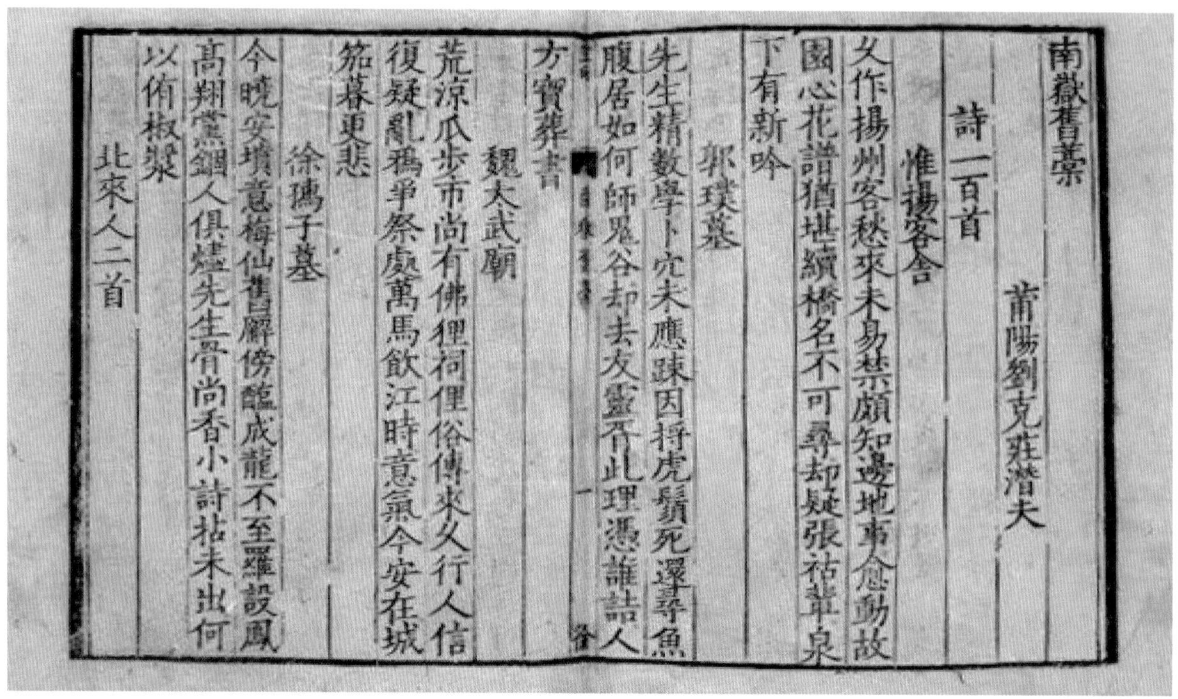

南嶽舊藁
莆陽劉克莊潛夫
詩一百首
惟揚客舍
久作揚州客愁來未易禁頗知邊地事念動故
園心花譜猶堪續橋名不可尋却疑張祜輩泉
下有新吟
郭璞墓
先生精數學卜宅未應踈因捋虎鬚死還尋魚
腹居如何師鬼谷却去友靈胥此理憑誰詰人
方寶葬書
魏太武廟
荒涼瓜步市尚有佛貍祠俚俗傳來久行人信
復疑亂鴉爭祭處萬馬飲江時意氣今安在城
笳暮更悲
徐孺子墓
今曉安墳意梅仙舊日鄰傍龕成龍不至羅設鳳
高翔黨錮人俱燼先生骨尚香小詩拈未出何
以侑椒漿
北來人二首

宋版刘克庄《南岳旧稿》书影

八、永嘉四灵

南宋诗人翁卷与黄檗

明《黄檗山志·序》开篇说："宋人诗云：天下两黄檗……"此处的宋人指的是南宋"永嘉四灵"之一的翁卷。

翁卷，字续古，一字灵舒，浙江乐清人，生卒年不详。他一生布衣，为诗歌游走四方，在江西、福建、湖南及江淮等地生活。

翁卷的田园诗，虽只有寥寥数笔，却有传神之功，是可以绘成画轴的，所谓诗中有画。代表作《乡村四月》被选入小学语文教材。

翁卷在游历福建时曾到福清黄檗山，写有《游黄檗诗》：

天下两黄檗，此中山是真。
碑看前代刻，僧值故乡人。
一宿禅房雨，经时客路尘。
将行更瞻礼，十二祖师身。

翁卷诗及"永嘉四灵"图

九、儒林巨擘

南宋最后的理学家林希逸与黄檗

林希逸（1193—1271）字肃翁，号竹溪，又号鬳斋，福建福清渔溪人，南宋理学家。置身儒学，参引释道，其所注解的《列子鬳斋口义》《老子鬳斋口义》《庄子鬳斋口义》，在东亚文化圈影响极大，尤其是在日本。

林希逸曾游黄檗作诗：

黄檗山前古梵宫，早年屡宿此山中。
猿啼十二峰头月，鹏送三千里外风。
日者共游因朔老，期而不至有樗翁。
骑鲸人去相如病，更欲攀跻谁与同。

林希逸的后人即非如一禅师，是隐元禅师的重要弟子。1657 年，隐元禅师东渡日本三年之后，即非如一禅师应本师之召赴日。在日十五年中，即非如一禅师中兴长崎的崇福寺，协助隐元禅师开创日本黄檗宗，成为黄檗宗第二代祖师，并于 1665 年在福冈北九州地区创建广寿山福聚寺。即非禅师和他的法系后来被称为“广寿派”，属日本黄檗宗第二大派系。

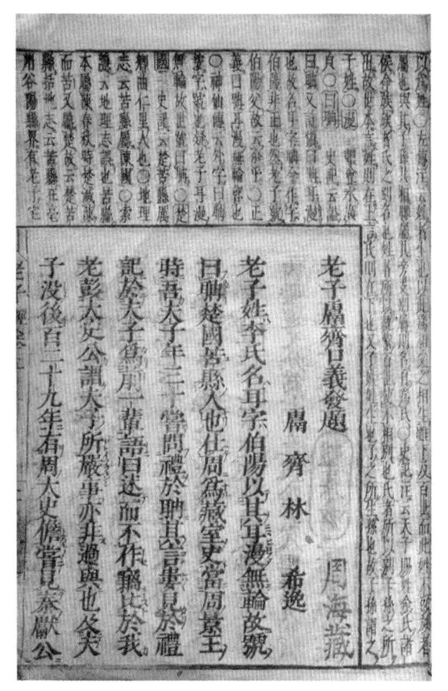
老子鬳齋口義發題　鬳齋林希逸
老子姓李氏名耳字伯陽以其耳漫無輪故號曰聃楚國苦縣人也仕周為藏室史當周衰王時吾夫子年三十嘗問禮於聃其言屢見於禮記於夫子為周一書語曰述而不作竊比於我老彭太史公謂夫子所嚴事亦其過與也及夫子沒後百二十九年有周太史儋嘗見秦獻公

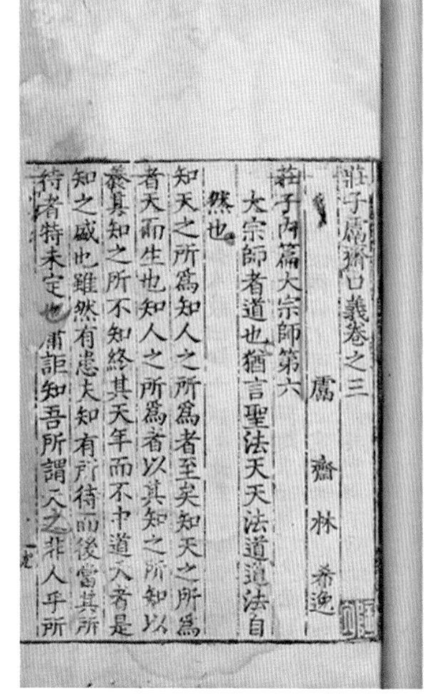
莊子內篇大宗師第六　鬳齋林希逸
大宗師者道也猶言聖法天天法道道法自然也
知天之所為知人之所為者至矣知天之所為者天而生也知人之所為者以其知之所知以養其知之所不知終其天年而不中道夭者是知之盛也雖然有患夫知有所待而後當其所待者特未定也庸詎知吾所謂天之非人乎所

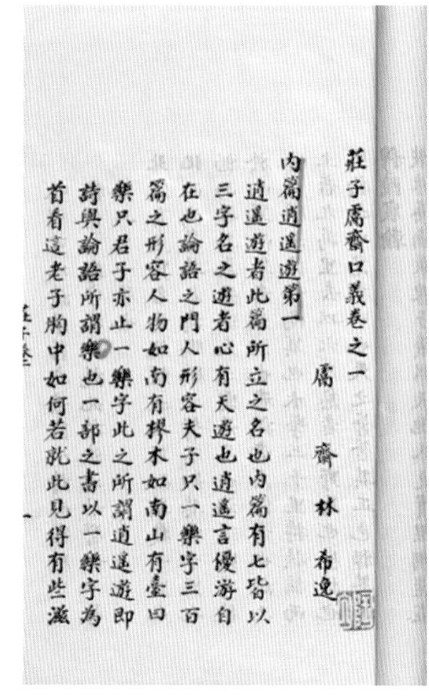
莊子鬳齋口義卷之一　鬳齋林希逸
內篇逍遙遊第一
逍遙遊者此篇所立之名也內篇有七皆以三字名之遊者心有天遊也逍遙言優游自在也論語之門人形容夫子只一樂字三百篇之形容人物如南有樛木如南山有臺曰樂只君子亦止一樂字此之所謂逍遙遊即詩與論語所謂樂也一部之書以一樂字為首看這老子胸中如何若就此見得有些滋

林希逸著作书影

十、入《四库》书

“敕修大典”王恭与黄檗

王恭（1343—？），字安仲，长乐沙堤人。明永乐二年（1404），年届六十岁的王恭以儒士荐为翰林待诏，敕修《永乐大典》。永乐五年，《永乐大典》修成，王恭试诗高第，授翰林典籍，不久，辞官返里。

王恭作诗，才思敏捷，下笔千言立就，诗风多凄婉，隐喻颇深。为闽中十才子之一，著有《白云樵唱集》四卷入《四库全书》。

王恭有诗《挽黄檗大休上人》：

只履复还西，令人忆我师。
空门了生灭，尘世漫凄其。
驯鸽栖新塔，灵花落故枝。
愁来双树下，空有泪如丝。

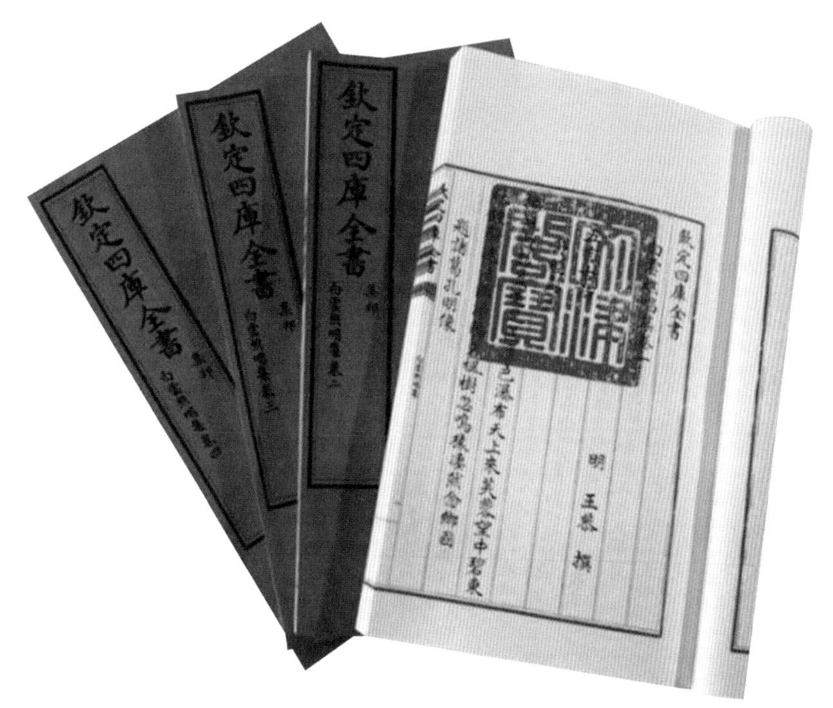

王恭《白云樵唱集》书影

名人的黄檗

一、禅书俱老

大唐相国裴休与黄檗

裴休为黄檗禅师的在家弟子，唐武宗时期他在江西与安徽等地任职，常亲近黄檗希运禅师问法求道，记有《传心法要》，深受希运禅师的影响，在禅宗心地功夫和佛学理论具有很深的造诣，在中国佛教史上，堪受“宰相沙门”的美称，其与佛教界具有广泛的互动，并留下许多著名的佛教文章和书法作品。

《圭峰禅师碑》全称《唐故圭峰定慧禅师传法碑并序》，又名《圭峰定慧禅师碑》，简称《圭峰碑》。公元855年（唐大中九年）立，裴休撰并书，柳公权篆额，碑现存陕西户县草堂寺。《圭峰禅师碑》书法笔笔谨严，清劲潇洒，结构尤为精密，取法于欧、柳，是唐碑珍品。米芾评：裴休率意写碑，乃有真趣，不陷丑怪。

历来被作为书法初学者范本的《玄秘塔

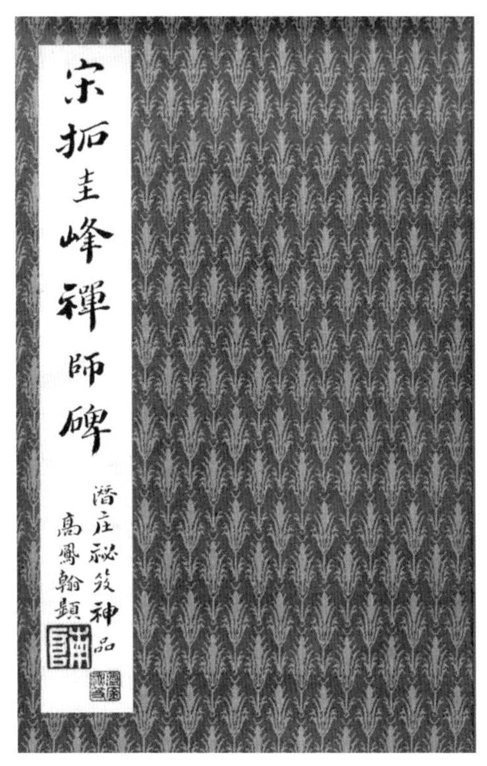

裴休撰并书《圭峰碑》拓本

碑》全称《唐故左街僧录内供奉三教谈论引驾大德安国寺上座赐紫大达法师玄秘塔碑铭并序》，是唐会昌元年（841 年）由时任宰相的裴休撰文，书法家柳公权书丹而成。裴休所撰碑叙大达法师在德宗、顺宗、宪宗三朝所受恩遇，以纪念大达法师之事迹，并告示后人。

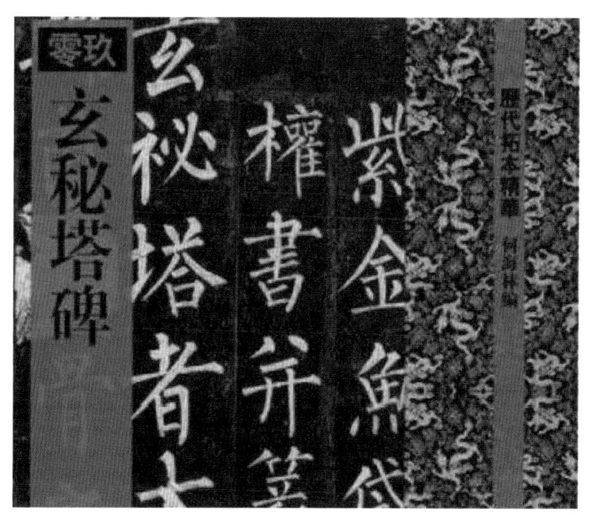

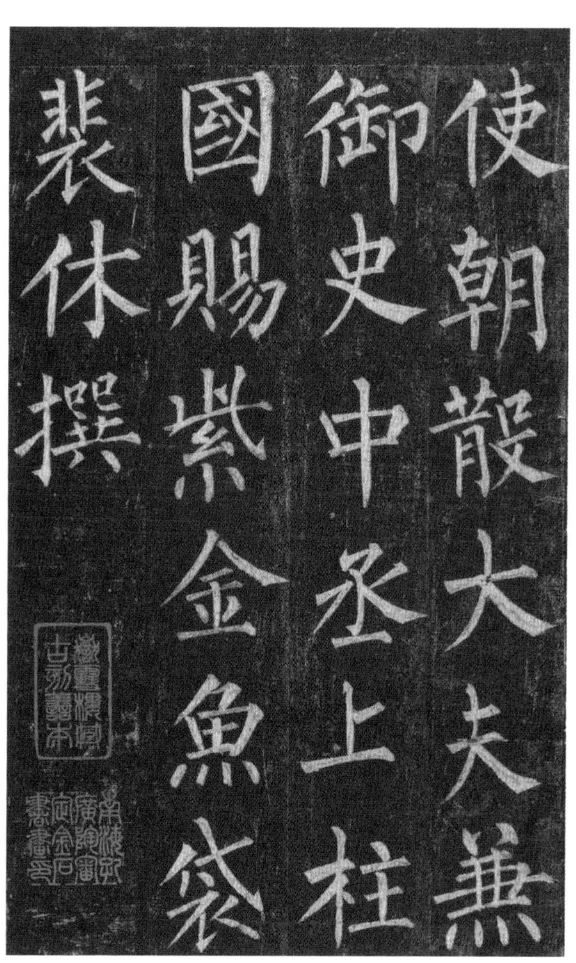

裴休撰、柳公权书《玄秘塔碑》拓本

二、赐紫章服

王居卿与黄檗

王居卿（1023—1084），字寿明，登州蓬莱人。北宋嘉祐年间进士，历任福清知县、齐州知州等。齐州任上“弭盗安民，夜户不闭”。后曾担任河北路都转运使、河东路经略使等要职，参与王安石变法，以治河闻名。

王居卿曾游黄檗寺，留下的碣石石刻，被黄檗山万福寺定明大和尚发现于吉祥峰下乱石之中，现置于黄檗书院九里香古树一侧。

王居卿和苏轼友善，两人皆由陕西转运副使陆铣保举。相传，王居卿在扬州时，一次恰逢苏轼离开杭州前往密州就任，王居卿便在平山堂置酒宴请苏轼。席上，王居卿说：“‘疏影横斜水清浅，暗香浮动月黄昏’，此和靖（林和靖）《梅花》诗，然而为咏杏花与桃李，皆可用也。”东坡说：“可则可，恐杏花与桃花不敢承当。”一众为之大笑。

王居卿、赵唐游黄檗山寺碣石题刻及拓片

三、万历中兴

明神宗万历皇帝与黄檗

明万历年间，中天正圆禅师北上京城请赐藏经未果，旅居京城八年后圆寂，其后中天正圆禅师的法孙鉴源兴寿禅师和镜源兴慈禅师承其遗志，赴京再次叩请赐藏，时达六年之久，后得到邑人、内阁首辅叶向高的护持，于明万历四十二年（1614）得皇帝御赐藏经、敕书、紫衣及“万福禅寺”匾额。

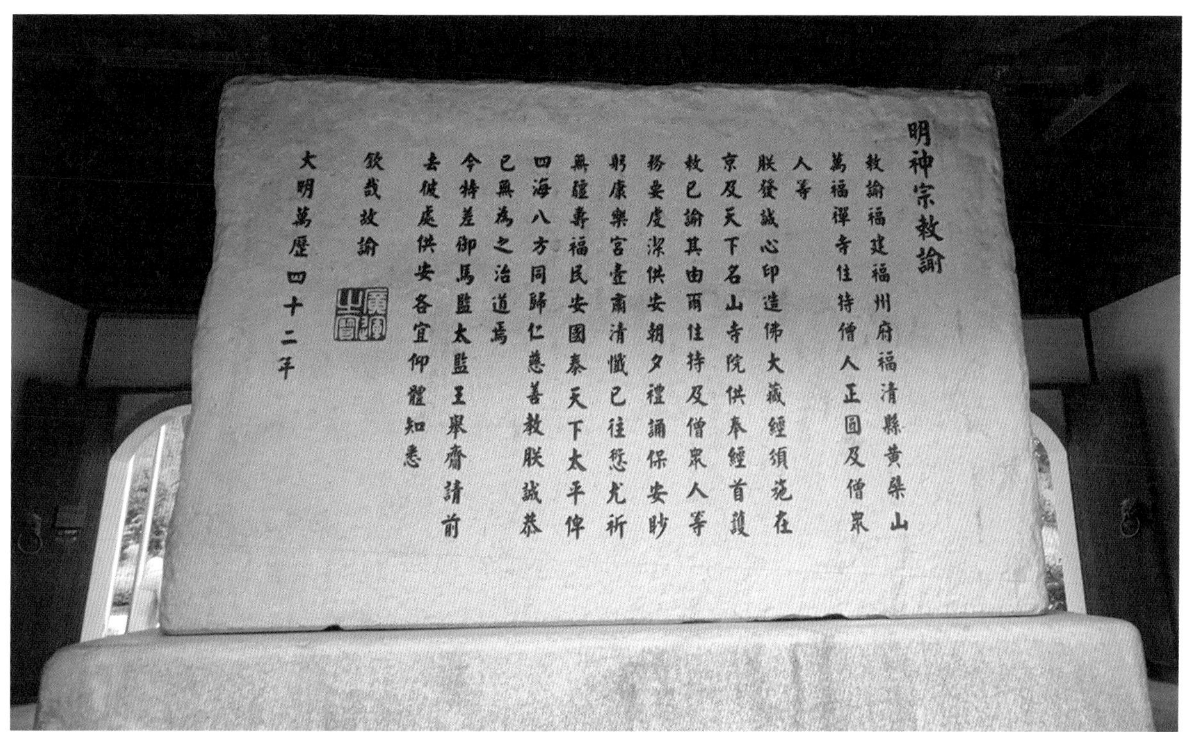

明神宗敕谕碑

四、黄阁重纶

三朝首辅叶向高与黄檗

叶向高（1559—1627），福清人，万福禅寺晚明中兴之大檀越。

相传，叶向高母为避祸，生之于厕，故叶向高幼时乳名“厕仔”，上学后塾师改其名“向高”，寓意步步高升，后为三朝首辅。叶向高在其所作诗引中说：“黄檗，名山也，而寺久废。余谢事日，适皇上念及海邦，遣中使赍经来赐。余与亲友重兴新刹，为藏经祝圣之所。”叶向高出资并募捐，并在唐代庙址基础之上，建造了法堂和上面的藏经阁。

叶向高题黄檗寺山门：千古祥云临万福；九重紫气盖三门。题藏经楼：帝赐经文，贝叶琅函长带丹霄新雨露；天开图画，琳宫绀殿重兴黄檗旧山川。

叶向高曾多次登黄檗山，在《同欧阳邑侯游黄檗》写道：惟有青山怜傲骨，不放终日坐跏趺。

叶向高曾作《登黄檗山绝顶》，其一曰：

琳宫新敞古坛场，贝叶琅函出尚方。
自识禅心超色界，还凭帝力礼空王。
龙潭倒影千岩壁，鸟道斜萦一线长。
此地归依情不染，更于何处觅慈航？

叶向高墓道碑

五、一代完人

“晚明第一硬汉”黄道周与黄檗

黄道周（1585—1646），漳州府漳浦县人，曾任南明吏部、兵部尚书，积极招募义兵，抵御清军南进，不幸兵败被俘，殉节于南京。死前留下“纲常万古，节义千秋，天地知我，家人无忧”的绝命书。

黄道周学问渊博，精天文历数诸术，工书善画，以文章风节高天下。去世百年后，乾隆皇帝称其为“一代完人”，追谥“忠端”。

隐元禅师听闻黄道周因明亡而殉节后，为其赋诗六首。赴日东渡时，隐元禅师亦带去大量黄道周与张瑞图的书法作品。

隐元禅师在《挽石斋黄忠介公殉节诗》中写道：“浩气浑天象，英风扫虀阴。忽闻顾命语，泪咽不成吟。”

漳浦黄道周纪念馆的“天方盘”

隐元禅师东渡之后，还曾写诗悼念黄道周。其一：

君死成名节，吾生何足云？
空岩一滴泪，万壑起愁云。

其二：

不必吟白骨，长愁天地阴。
黄河千里血，点点尽忠心。

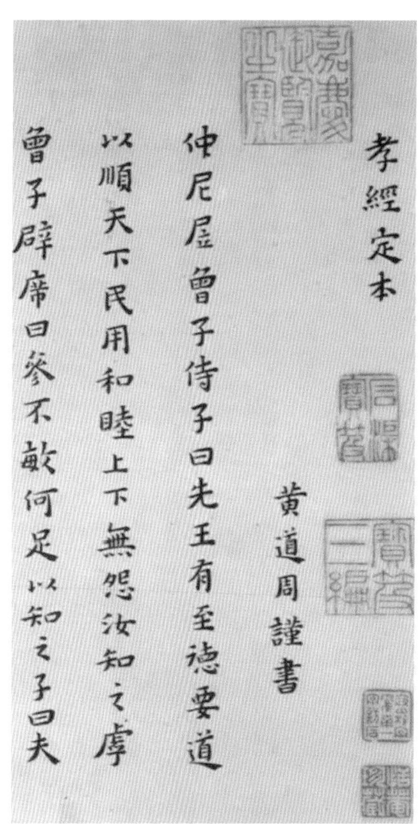

孝經定本

黃道周謹書

仲尼居曾子侍子曰先王有至德要道以順天下民用和睦上下無怨汝知之虖曾子辟席曰參不敏何足以知之子曰夫

黄道周《孝经定本》手迹

六、卓哉忠介

大学士钱肃乐与黄檗

钱肃乐（1606—1648），明崇祯年间进士，抗清英雄。隐元与钱肃乐虽素未谋面，但两人互为彼此高尚的精神气节所吸引，故有“若数十年相知之深者”之感。钱肃乐死后，隐元禅师积极协助叶进晟和独耀性日，为钱肃乐墓葬一事奔走，后在黄檗山麓马鞍山购地营葬。

钱肃乐曾作诗《寄赠黄檗隐和尚》：

法乳垂垂第一宗，
深山深处白云封。
慧珠散朗三千界，
德泽飞悬十二峰。
天际花光分法相，
岩前潭影落疏钟。
生平檗味尝难尽，
不及登临谒瑞容。

隐元禅师为钱肃乐作营葬偈：

圣贤佛祖一身扶，
见义争为真丈夫。
万古同明肝胆赤，
可封忠骨壮皇图。

四明丛书之《钱忠介公集》书影

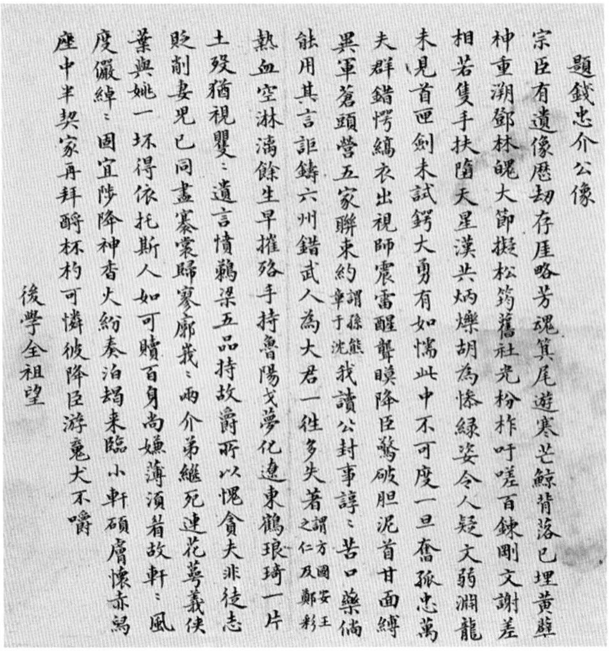

全祖望题钱忠介公像手迹

七、立大业者

延平王郑成功与黄檗

郑成功（1624—1662），原籍福建南安，出生于日本九州，明末清初驰名中外的民族英雄。他收复了台湾，一直受到人们的怀念和敬仰。1654 年，正是郑成功拨船护送 隐元禅师东渡日本。

国姓爷像

郑成功写给隐元禅师的书信

《郑成功》连环画书影

八、江户讲席

朱舜水与黄檗

朱舜水（1600—1682）。1659年，朱舜水觉得复明无望，为保全民族气节，毅然辞别国土，弃离故乡，寄寓日本二十多年，仍着明朝衣冠，追念故国。在日期间，与黄檗独立性易禅师、黄檗檀越陈明德多有交往。

成海应《皇明遗民传》记载，朱舜水曾号“黄檗禅师”。朱舜水的学问和德行得到了日本朝野人士的礼遇和尊重，水户藩藩主德川光圀聘请他到江户讲学，执弟子礼。朱舜水提倡“实理实学、学以致用”，认为“学问之道，贵在实行，圣贤之学，俱在践履”，他的思想对日本水户学有很大影响。有日本学者称其为“日本的孔夫子”。

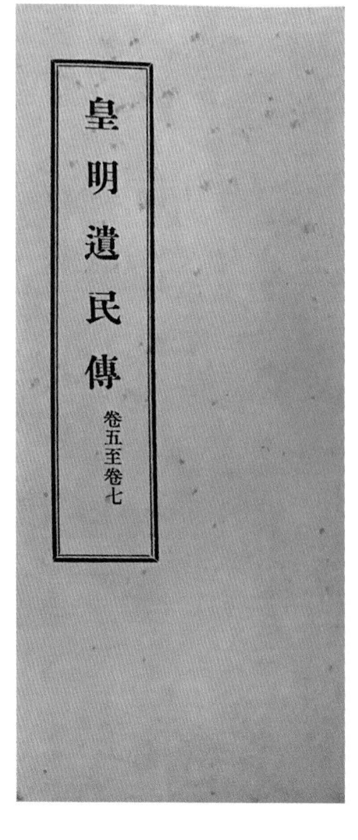

朱文瑜字魯璵號黃檗禪師舜水人明宗室國亡入日本不娶無後

李微機明宗室也國亡變姓名為道士隱居漢陽百餘歲狀如壯男子未嘗對人言見人輒笑工書法每書必署曰九江王世子人欲求書者非酒三石不可得既飲長吽揮管至數晝夜無倦有顯官從滇還道出漢陽求見卽躍入江中俟其去乃出與武昌顛道士魏知己善言人禍福人爭與錢求其言止取二三十文供一日餘輒不受二人暇則登大別山若黃鶴樓或言或笑或歌或泣人

《皇明遗民传》书影

九、行事正大

大学士杜立德为隐元禅师撰写塔铭

杜立德（1611—1692），字纯一，号敬修，明末清初天津宝坻人。明崇祯年间进士。入清授中书，历官都给事中，工、兵、吏、刑等部侍郎，刑、户、吏三部尚书。清廉平直，颇为康熙皇帝所重。清康熙九年（1670），授保和殿大学士、礼部尚书。三藩事起，参预机务，有赞助之功。

杜立德为隐元禅师撰写的塔铭如下：

赐进士出身光禄大夫礼部尚书上柱国太子太师中极殿大学士燕山杜立德拜撰。

夫乾坤未启，佛性难明，混沌既开，常光显露。但圣凡悬隔，迷悟顿殊。苟非无位真人一片婆心，具大辩才伸广长舌，则苦海茫茫，谁登彼岸，不几万古如长夜哉。自迦文出世七十九年，谈经三百余会，自觉觉他，无非欲人明心见性，悟出本来面目，方脱生死轮回之苦。由是西乾四七、东土二三，一灯相传，万象皆朗。迨南岳青原，而下分为五宗。唯临济一宗，独得其传，具正法眼。历代以来，废兴不一。始于唐，盛于宋，至明则少衰焉。及三十四传，密云悟禅师阐扬宗风，济北重振，再传而为费隐容禅师。二师道覆虚空，名尊海岳，如狮子一吼百兽震惊，语录流传，入藏久矣。而隐元老和尚，早升密云之堂，暮入费隐之室。乃容之嫡子，为悟之统孙。超凡入圣，一面担当，翻千百年未了之公案，发亿万人本地之风光。智珠在手，纵横无碍，两开黄檗，应化西东。现身说法四十载间，上自皇朝宰相，远暨东国王臣，下及士庶工商，僧俗男女，罔不景仰瞻依，倾心向化。自唐宋以来，未有若斯其盛。奚啻达磨东渡，断际重来也。今师示寂十四年矣，曩因海氛梗塞，两国未通。兹圣天子，崇儒重释，四海为家，异域殊方、同仁一体……

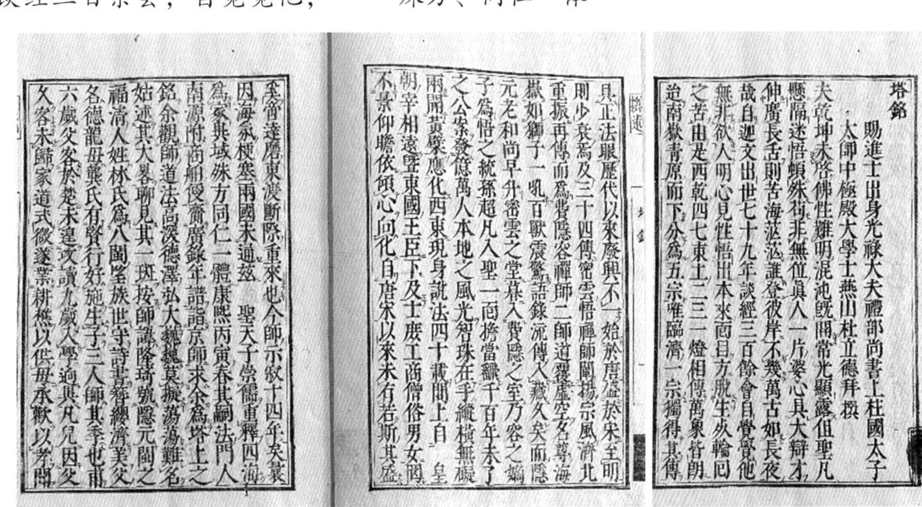
塔銘
賜進士出身光祿大夫禮部尚書上柱國太子
太師中極殿大學士燕山杜立德拜撰
夫乾坤未啓佛性難明混沌既開常光顯露但聖凡
懸隔迷悟頓殊苟非無位眞人一片婆心具大辯才
伸廣長舌則苦海茫茫誰登彼岸不幾萬古如長夜
哉自迦文出世七十九年談經三百餘會自覺覺他
無非欲人明心見性悟出本來面目方脫生死輪回
之苦由是西乾四七東土二三一燈相傳萬象皆朗
迨南嶽青原而下分為五宗唯臨濟一宗獨得其傳
具正法眼歷代以來廢興不一始於唐盛於宋至明
則少衰焉及三十四傳密雲悟禪師闡揚宗風濟北
重振再傳而為費隱容禪師二師道覆虛空名尊海
嶽如獅子一吼百獸震驚語錄流傳入藏久矣而隱
元老和尚早升密雲之堂恭入費隱之室乃容之嫡
子為悟之統孫超凡入聖一面擔當翻千百年未了
之公案發億萬人本地之風光智珠在手縱橫無礙
兩開黃檗應化西東現身說法四十載間上自　皇
朝宰相遠暨東國王臣下及士庶工商僧俗男女罔
不景仰瞻依傾心向化自唐宋以來未有若斯其盛
矣昔達磨東渡斷際重來也今師示寂十四年矣曩
因海氛梗塞兩國未通茲　聖天子崇儒重釋四海
為家異域殊方同仁一體康熙丙寅春其嗣法門人
南源附商船侵齋賫錄年譜詣京師求余為塔上之
銘余觀師道法高深德澤弘大巍巍莫擬蕩蕩難名
姑述其大畧聊見其一斑按師諱隆琦號隱元閩之
福清人姓林氏為八閩望族世守詩書簪纓濟美父
名德龍母龔氏有賢行好施生子三人師其季也甫
六歲父客於楚未遑攻讀九歲入學逾其凡兒因父
久客未歸家道式微遂業耕樵以供母承歡以孝聞

杜立德撰隐元禅师塔铭书影

十、读书守法

大学士刘沂春为隐元大师广录作序

刘沂春，字泗哲，福建长乐人。明崇祯七年（1634）进士，授浙江乌程知县。光禄寺监事熊开元因得罪权臣，受诬入狱，刘沂春审知冤情，为其抱不平。权臣以利害相胁，请求圣旨复议，刘沂春仍坚持前议，上疏道，公道在人心，读书守法，怎敢以谎言欺君。不久，即被罢官回乡。崇祯十七年（1644）福王在南京即位，起用刘沂春为工部主事。清顺治二年(1645) 福王政权瓦解，唐王在福州建立反清政权，任刘沂春为布政司参议，进太常寺卿，顺治三年（1646）唐王败，刘沂春隐居不出。顺治四年（1647）鲁王入闽，大臣钱肃乐荐刘沂春为副都御史，升吏部左侍郎。顺治五年（1648），鲁王败，刘沂春隐居深山，后死于侯官凤冈。著有《珑洞集》二十卷，《出云岩集》十卷。

他所作《隐元大师广录序》中讲道："折苇东渡，重开黄檗雄音，一震阖国钦风，起三百年祖道于旦暮之间"，"以心传心，如水印水，诚所谓佛光普照，智炬并辉"。

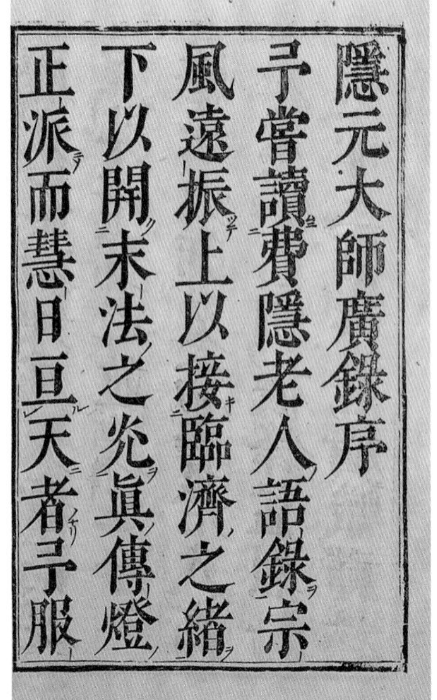
隱元大師廣錄序
予嘗讀費隱老人語錄宗
風遠振上以接臨濟之緒
下以開末法之光眞傳燈
正派而慧日亘天者予服
大師爲不少矣乃拜首唱
嘆而爲之序
賜進士第資政大夫正治
上卿東閣大學士太子少
傅吏部尚書劉沂春拜撰

刘沂春为《隐元大师广录》所作序言书影

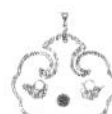

十一、唯从天性

东渡名医陈明德礼请隐元禅师赴日

明末清初易代变革之际，明朝遗民大量东渡。

陈明德，浙江金华人，因两次科举未第而叹曰：“士君子不得为宰相，愿为良医，虽显晦不同，而济人则一。”后改而习医，擅长儿科。

陈明德大约是在1627年随商船东渡日本，到达长崎后以行医为业，技艺精湛，深受当地人信赖。他的医邸在长崎酒屋町，明末清初东渡遗民朱舜水、戴笠到日后都曾寄宿在他的医邸。

陈明德在长崎采集各种草药，并著书说明效用，著有《心医录》，对日本汉方医药的发展有所贡献。陈明德在日本医学史以及中日医学交流史上占有重要地位。

陈明德参与邀请隐元禅师东渡。

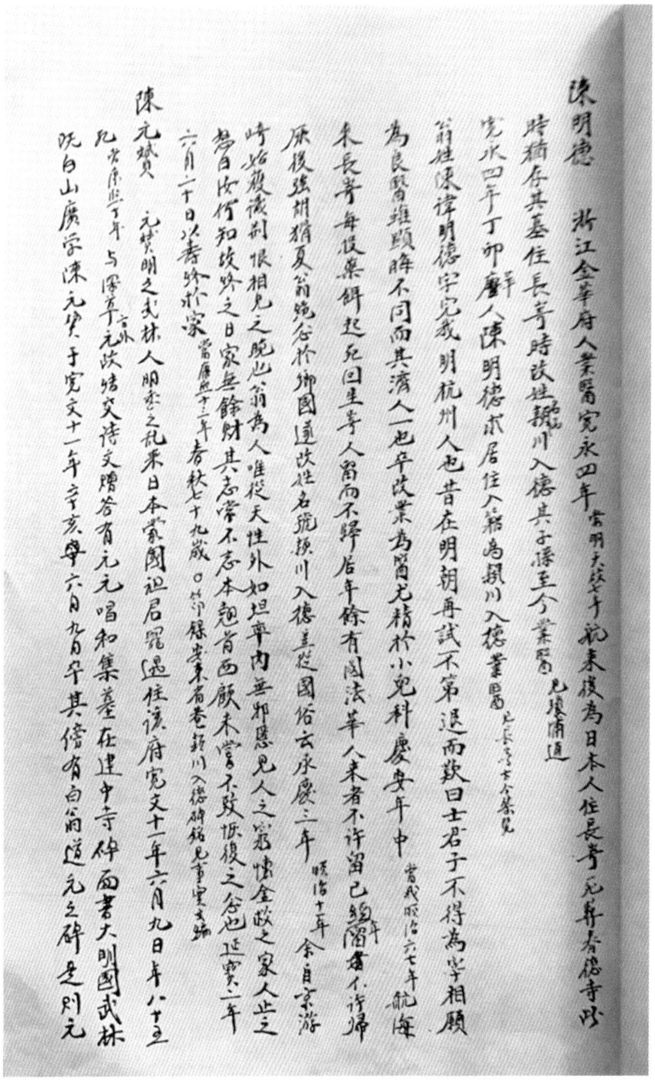
陳明德 浙江金華府人業醫寛永四年航來後為日本人住長崎
時稱存其基住長崎時改姓穎川入德其子孫至今業醫
寛永四年丁卯歲人陳明德來居住人稱為穎川入德業醫
翁姓陳諱明德字完我明杭州人也昔在明朝再試不第退而歎曰士君子不得為宰相願
為良醫雖顯晦不同而其濟人一也卒改業為醫尤精於小兒科慶安年中航海
來長崎毎設藥餌起死回生崎人留而不歸居年餘有國法華人來者不許留已留者不許歸
[illegible]於卿國遂改姓名號穎川入德并從國俗云承應三年余自京遊
崎始獲識荆恨相見之晚也翁為人唯從天性外如坦率内無邪思見人之窮恤金救之家人止之
翁曰汝何知彼病之日家無餘財其志常不忘本廼首西顧未嘗不致慨復之念也延寶二年
六月二十日以壽終於家春秋七十九歲
陳元贇 元贇明之武林人明季之亂來日本[illegible]居[illegible]府寛文十一年六月九日卒八十五
[illegible]與[illegible]元政結交詩文贈答有元元唱和集墓在建中寺碑面書大明國武林
既白山人[illegible]陳元贇于寛文十一年辛亥六月九日卒其僧有白翁道元之碑是則元

黄檗书院藏明代渡日名人文献书稿书影

十二、天外老人

医学、书画全才，从明朝遗民到黄檗禅者

独立性易（1596—1672），俗称戴曼公，杭州仁和县人，原名观胤，后易名笠，字子辰，号曼公，明末清初名医、黄檗僧人、画家。年轻时习儒业，博学能诗，兼工篆隶。又学医术于杭州龚廷贤，龚氏曾任太医院医官，戴曼公尽得其法，并对《素问》《难经》有较深的研究。

1645年，南明弘光政权灭亡后，戴笠以行医为生，活动于桐乡、吴江一带，与顾炎武、戴耘野等人参加吴江“惊隐诗社”。后泛舟东渡日本避祸。一开始，戴笠居住在同乡医生陈明德（颖川居士）家，行医为生。后又在陈家结识朱舜水，深为其反清壮志所感动，成为挚友。次年，隐元禅师赴日，创黄檗宗于长崎，戴笠受其影响，依隐元禅师座下出家，法名独立性易，后又号天涯戴笠人、天外老人、独立一闲人等，亦行医，亦禅，“飘然异国，野鹤孤踪，不靳东西南北”。

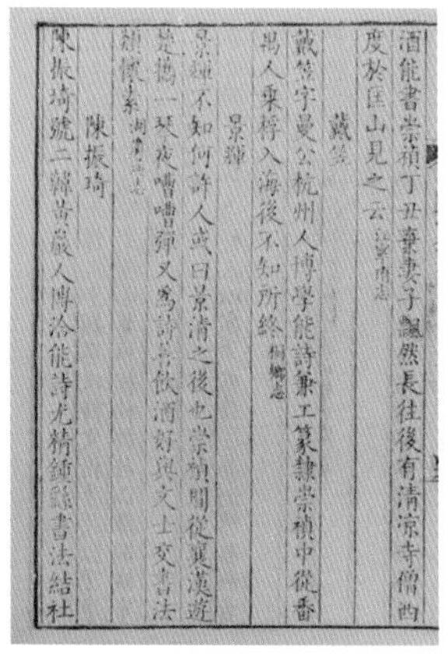
酒能書崇禎丁丑棄妻子飄然長往後有清凉寺僧西
度於匡山見之云
戴笠
戴笠字曼公杭州人博學能詩兼工篆隸崇禎中從番
舶人乘桴入海後不知所終
景錫
景錫不知何許人或曰景清之後也崇禎間從冀漢遊
楚攜一琴夜嘈嘈彈又為詩飲酒好與文士交書法
精妙
陳振琦
陳振琦號二錦苗嚴人博洽能詩尤精鍾王書法結社

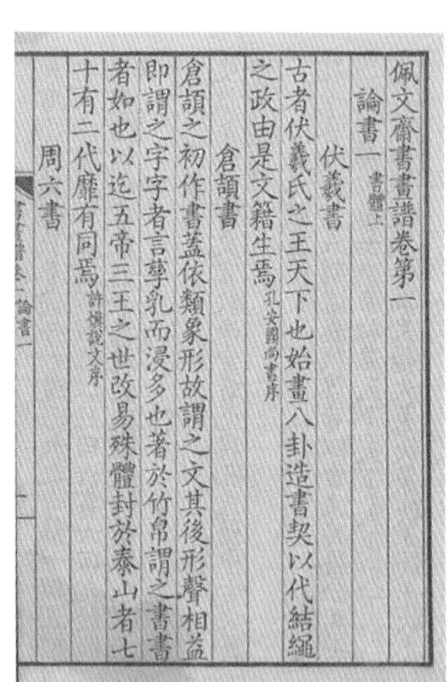
佩文齋書畫譜卷第一
論書一 書體上
伏羲書
古者伏羲氏之王天下也始畫八卦造書契以代結繩
之政由是文籍生焉 孔安國尚書序
倉頡書
倉頡之初作書蓋依類象形故謂之文其後形聲相益
即謂之字字者言孳乳而浸多也著於竹帛謂之書書
者如也以迄五帝三王之世改易殊體封於泰山者七
十有二代靡有同焉 許慎說文序
周六書

《佩文斋书画谱》关于戴笠的记载

独立性易禅师精通诗文、书画、篆刻、医药。到日本后，他大力传播中国的痘科诊疗技术，被日本医界视为恩人。

此外，他与东皋心越都被称为日本篆刻始祖。

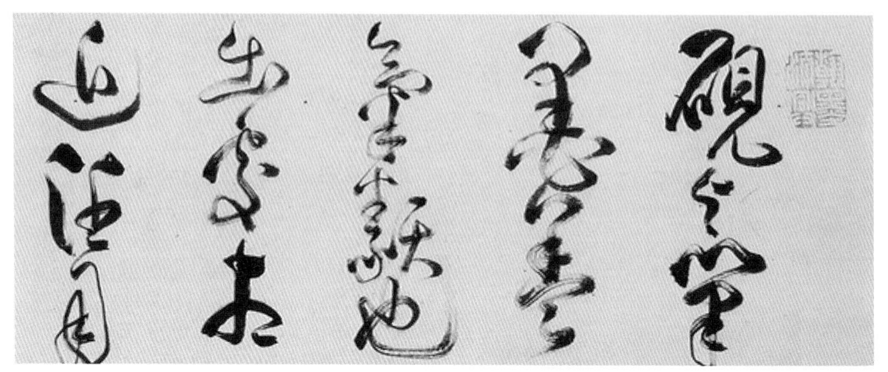

《养生铭》手卷（局部），独立性易，何创时书法艺术文教基金会（中国台湾）藏

十三、清初明相

康熙重臣、黄檗法子李光地

李光地（1642—1718），字晋卿，号厚庵，别号榕村。泉州安溪人，后来科举入仕，助康熙削三藩，平叛乱，收台湾。李光地清廉勤政，公忠体国，秉持大义，官至直隶巡抚、吏部尚书、文渊阁大学士。康熙将其引为知己，发出“知朕亦无过光地”的慨叹。李光地去世后，康熙命恒亲王胤祺前往吊唁，赏赐千两金，谥号“文贞”。后来，雍正则赞李光地是“一代之完人”，将其追祀于贤良祠。

泉州云门寺，寺额就是李光地题写。云门寺的清代中兴祖师，就是福清黄檗山第十二代住持壁立明迳禅师。嘉庆年间的《云门寺碑》碑文记载：“本朝康熙丙申仲春，明迳和尚始领徒募化，安溪李相国假归，写赠云门禅寺匾额”。

黄檗书院所藏《临济正宗三十四世八十五

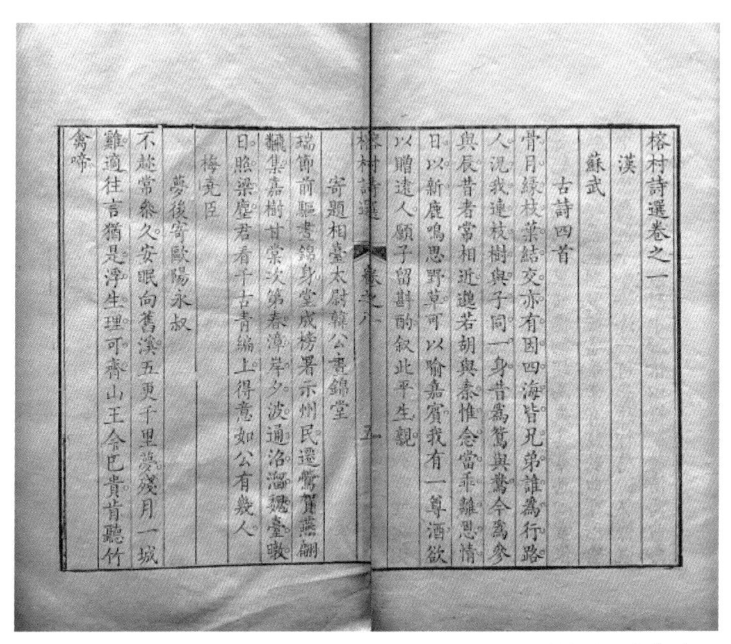
榕村詩選卷之一
漢
蘇武
古詩四首
骨月緣枝葉結交亦有因四海皆兄弟誰為行路
人況我連枝樹與子同一身昔為鴛與鴦今為參
與辰昔者常相近邈若胡與秦惟念當乖離恩情
日以新鹿鳴思野草可以喻嘉賓我有一尊酒欲
以贈遠人願子留斟酌敘此平生親

榕村詩選　卷之一　五

寄題相臺太尉韓公晝錦堂
瑞節前驅晝錦身堂成榜署示州民還驚賀燕翩
翩集嘉樹甘棠次第春滹岸夕波通洛溜磁臺曉
日照梁塵君看千古青緗上得意如公有幾人
梅堯臣
夢後寄歐陽永叔
不趂常參久安眠向舊溪五更千里夢殘月一城
雞適往言猶是浮生理可齊山王今已貴肯聽竹
禽啼

《榕村全集》书影

“黄檗主席壁立迳和尚预藏真处”碑

龄锐锋和尚塔铭》拓片，篆额者李光地，落款是“赐进士出身直隶巡抚部院前翰林院内阁学士兼礼部侍郎法弟李光地顿首拜篆额”。墓志铭正文中记载，康熙年间，锐峰和尚在泉州出家后，“秉戒于黄檗，遂依堂头慧门和尚座下”，并在黄檗山任“西堂”。锐峰和尚是慧门如沛的法子，李光地是锐峰和尚的法弟，也就是说，李光地是慧门和尚的俗家弟子。慧门和尚是临济正传三十三世，明迳和尚和锐峰和尚都是临济正传三十四世，李光地和明迳和尚是法兄弟，均为黄檗法嗣。

李光地是典型的出将入相的人物，襄理政务，带兵打仗，治河导渠，样样出色。李光地数学、天文学造诣很深，在易学、史学、理学上也广有建树。李光地奉敕编纂了《性理精义》《朱子全书》《周易折中》等彰扬程朱理学之书，经康熙帝审定以御纂、御定名义颁行于学宫，对于理学发展产生了重要影响。他本人的著作尚有《周易通论》《尚书解义》《孝经全注》《离骚经注》《二程遗书》《古文精藻》等十多种。

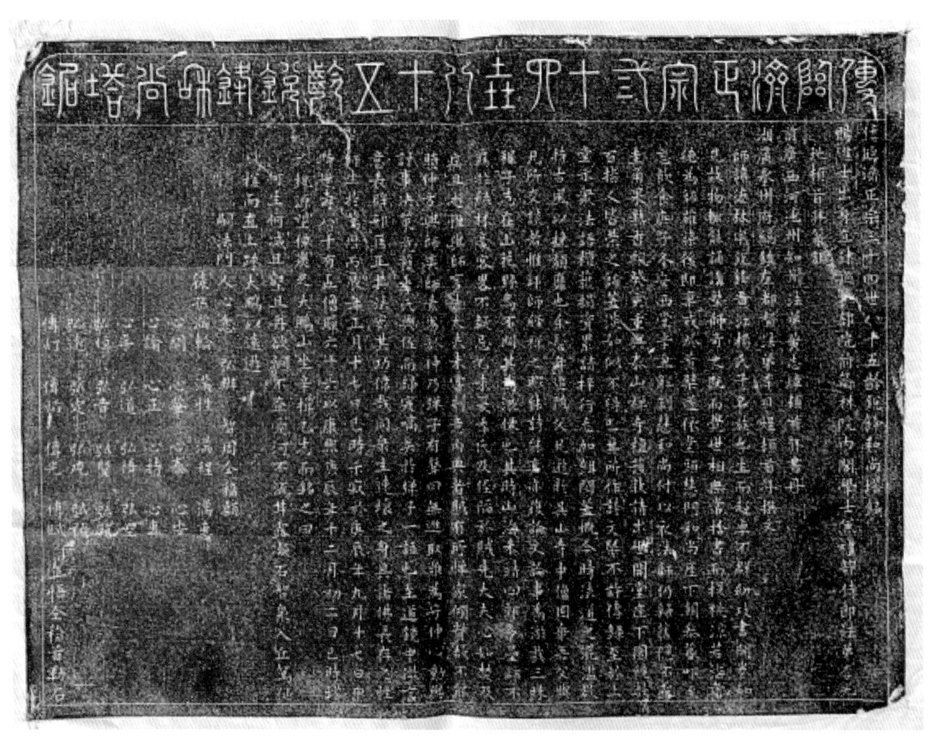

临济正宗三十四世八十五龄锐锋和尚塔铭

十四、五子登科

巡抚郭柏荫为隐元禅师纪念堂题匾

郭柏荫（1807—1884），字远堂，侯官县（今福建省福州市）人，曾跟随曾国藩，受其思想影响较大，晚年自称“柏荫老夫”，为晚清时期黄檗檀越。

郭柏荫是郭阶三第二子，郭阶三的五个儿子郭柏心、郭柏荫、郭柏蔚、郭柏苍、郭柏芗皆登科第。郭柏荫清道光十二年（1832）进士，道光十七年（1837），任浙江道监察御史。翌年，转山西道。道光十九年（1839），巡视西城，转京畿道，升刑部给事中。

清同治年间，时任广西巡抚的郭柏荫为黄檗山万福寺隐元禅师纪念堂题匾“如来后身”。

郭柏蔭

字遠堂行三嘉慶丁卯年十月初一日吉時生福建侯官縣民籍道光戊子科舉人壬辰科進士翰林院庶吉士授編修改浙江道御史掌山西道協理京畿道題轉掌京畿道御史刑科給事中甘肅甘涼道革職以主事起用歷升員外郎郎中俟選特旨送部引見江南大營差遣授江蘇蘇松常鎮太糧儲道升任江蘇按察使加二品頂戴現署布政使

曾祖守仁

祖萬祥 監生

父世厚

本生父階三 嘉慶丙子科舉人

本生胞兄柏心 道光壬辰科舉人五品銜現任南靖縣學教諭

本生胞弟柏蔚 道光甲午科舉人 柏蒼 道光庚子科舉人員外郎銜候選主事

柏薌 咸豐辛亥科舉人五品銜候選南靖縣學訓導

子式昌 咸豐乙卯科優貢己未科舉人浙江候補知府 兆昌 貢生 名昌 傳昌

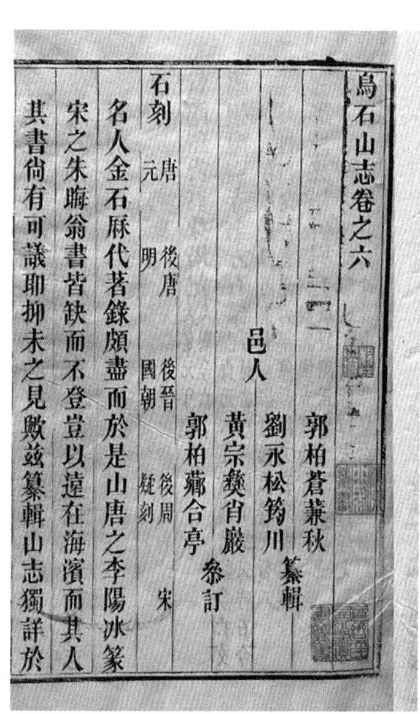

烏石山志卷之六

郭柏蒼蒹秋 劉永松筠川 纂輯

邑人 黃宗彝肖巖 郭柏薌合亭 叅訂

石刻 唐 後唐 後晉 後周 宋 元 明 國朝 疑刻

名人金石厤代著錄頗盡而於是山唐之李陽冰篆宋之朱晦翁書皆缺而不登豈以遠在海濱而其人其書尚有可議耶抑未之見歟茲纂輯山志獨詳於

郭氏祖谱及相关著作书影

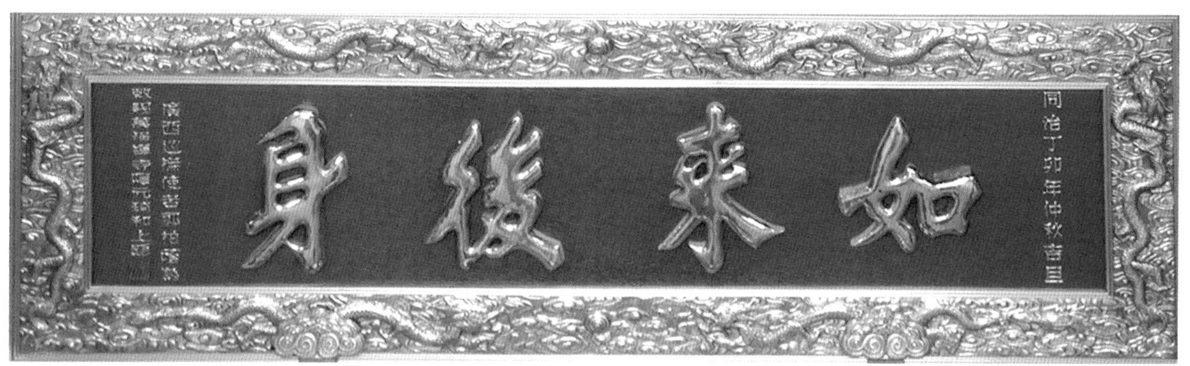

黄檗山松隐堂“如来后身”匾

人文的黄檗

一、文物与黄檗旧影

黄檗山万福寺所存北宋庆历五年（1045）、崇宁四年（1105）以及南宋绍兴年间的种莲石槽。其中北宋一口有“僧淳生为四恩三有舍，庆历五年乙酉七月造，住持沙门复其”的题刻。

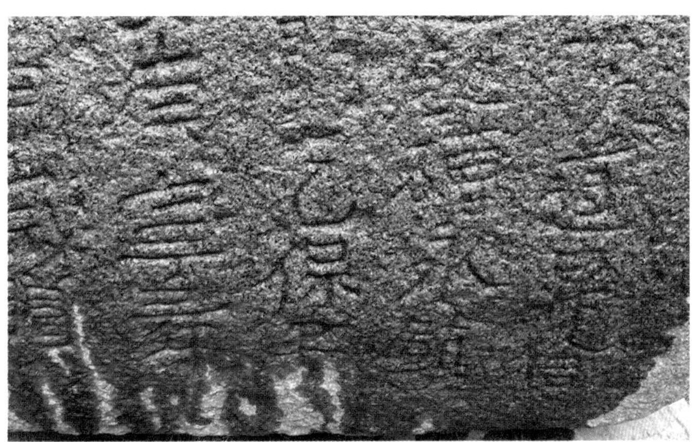

福清黄檗山万福寺北宋石槽及南宋茶碾石刻

下图出自明崇祯版《黄檗寺志》，为莆田人陈玄衮所画。

这些是民国时期黄檗山万福寺的老照片。由日本净土真宗常盘大定拍摄于1929年。

祝聖道場

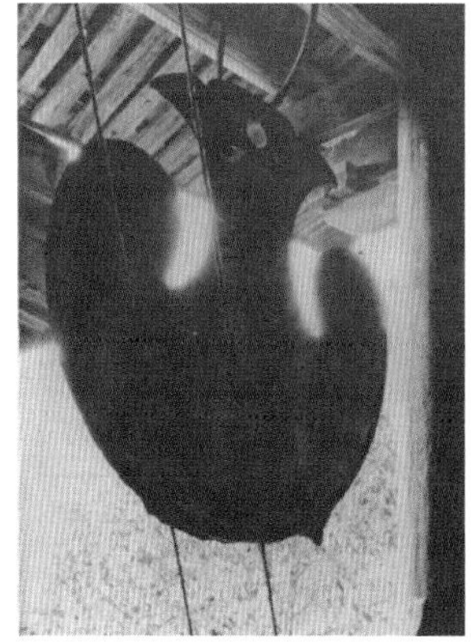

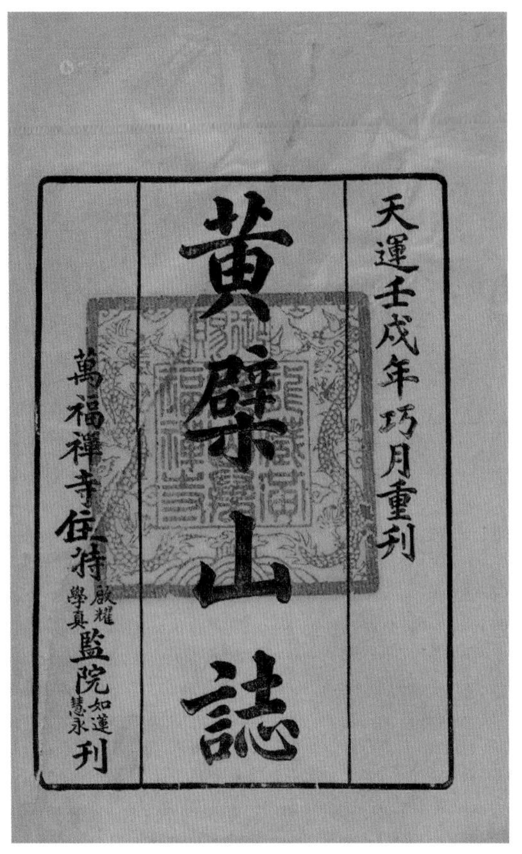

天運壬戌年巧月重刊

黃檗山誌

萬福禪寺住持 啟耀 學真 監院 如蓮 慧永 刊

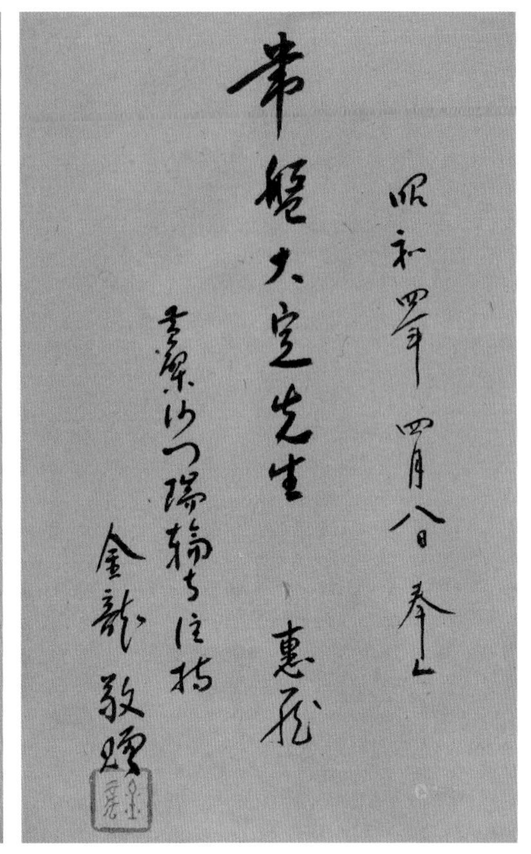

《黄檗山志》书影

1925年日本黄檗宗管长隆琦大雄禅师、山田玉田禅师回福建黄檗山万福寺祖庭巡拜，安部禅梁与阪田金龙禅师同行。

阪田金龙曾著有《福唐黄檗山略史》。正是此次巡拜之际，当时的万福寺监院如莲，特别将重刊的《黄檗山志》赠与金龙禅师。由于此后万福寺受山洪之灾，损失严重，使得这册寺志，变得更为珍贵。1929年金龙禅师将珍藏的这册寺志又转赠给著名的佛教研究学者常盘大定。

二、祖师塔与黄檗

寻找祖师塔，是一件十分困难的事情。必须按照古籍文献中的有关线索，去梳理寺志没有记载而又住锡黄檗的祖师。对已知祖塔所在方位的，也要研究古代地名在今天的落地。对于归葬外地的，也要一一列出。寻找祖师的“钥匙”，就是为“祖塔巡勘”所作的“功课”。

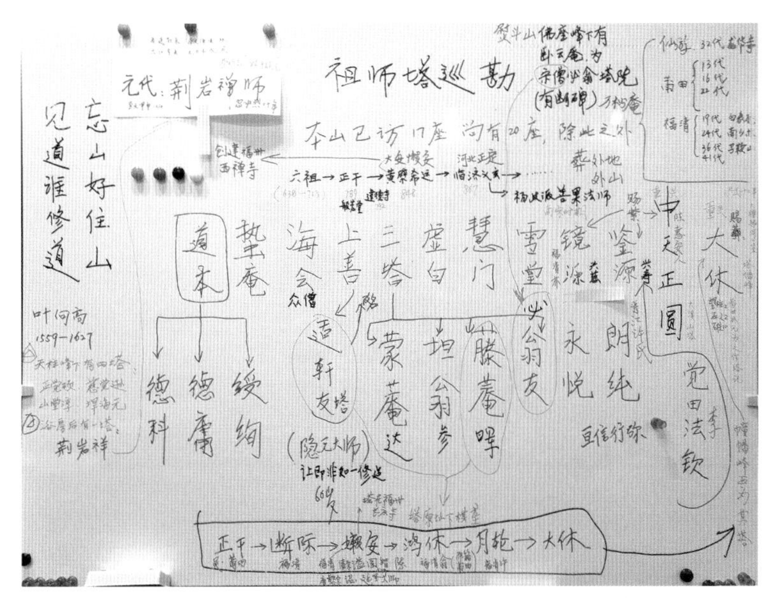

黄檗祖师塔寻踪导引

隐元禅师所修“上善塔”

元代至正年间荆岩禅师塔

历代尊宿塔

三、营造与黄檗建筑

黄檗旧影

黄檗山寺自唐以后，历代兴废不一，曾多次修建，寺院建筑风格充满了中国传统文化的韵味。

2016 年万福寺重建，寺院采用唐代建筑风格，全堂纯木结构，廊腰缦回，檐牙高啄，与黄檗山的自然气韵相呼应。

万福寺全景

杭州西湖锦带桥旧影

黄檗独立性易禅师，将《西湖游览图志》赠予日本工匠，日本按照书中杭州锦带桥的模式，建造了日本锦带桥。该桥采用传统的木工工艺，全桥只用包铁、插销固定，桥梁结构充分应用了精巧的木工技术，被列为日本三大名桥之一。

校增西湖遊覽圖志

會稽瑞蓮堂藏板

西湖遊覽志叙

錢唐田汝成譔

海上之士往往談蓬萊三島之勝恍忽渺茫莫可踪跡豈若西湖重青淺碧抱麗城闉陸走水浮咸可涉覽况帝都之餘藻飾華富即海上之士所

载有“锦带桥”图的《西湖游览图志》书影

四、港船与黄檗

清代罗星塔铜版画

罗星塔，位于福州市马尾区南部，地处闽江之滨，为国际公认的航标、闽江门户标志，有“中国塔”之誉。

明代福州成为对外文化、商贸、交流重要口岸，也是明末清初遗民、禅僧东渡的重要出发地。1925 年，日本黄檗宗第 46 代管长隆崎大雄一行访问福清黄檗寺，即是从福州港登陆。

厦门港，明末清初中国对外五大港口之一。隐元禅师在日本僧俗四度邀请下，于 1654 年携众弟子到厦门，在郑成功的拨船护送下，从厦门港口登船东渡日本。

清代厦门港老照片

明清时期闽浙所造的福船、宁波船，是当时世界上最先进的海上交通工具。2010年，福船所采用的水密隔舱制造技艺入选联合国急需保护的非物质文化遗产名录。1654年，隐元禅师正是乘坐郑成功派遣的福船东渡。

福船

宁波船

五、雕版印刷与黄檗

自宋元以来，一部书稿杀青付梓而成，至雕版印本，需要经多道工序：书工依设计好的版式将文字缮写于纸而成版样；刻工将版样扣于木板，持刀刻字而成印版（阳文反字）；印工在印板上均匀刷墨，然后将纸覆于印板上刷印而成书页；装订工将书页合而订之是为雕版印本。这个雕版印书工艺就是雕版印刷术。

据日人义堂《空华日工集》“应安三年九月二十三日条”记载：“唐人刮字工陈孟千、陈伯寿二人来，福州南台桥人也。丁未年（日本贞治六年，一三六七年，元代至正二十七年）七月到岸。大元失国，今皇帝改国为大明。”

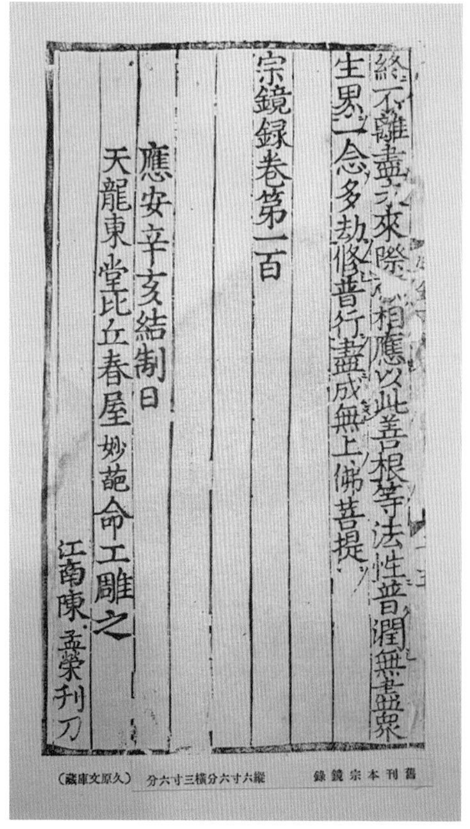

終不離盡未來際相應以此善根等法性普潤無盡衆
生界一念多劫修普行盡成無上佛菩提

宗鏡録卷第一百

應安辛亥結制日
天龍東堂比丘春屋妙葩命工雕之
江南陳孟榮刊刀

舊刊本宗鏡錄　縱六寸六分橫三寸六分（久原文庫藏）

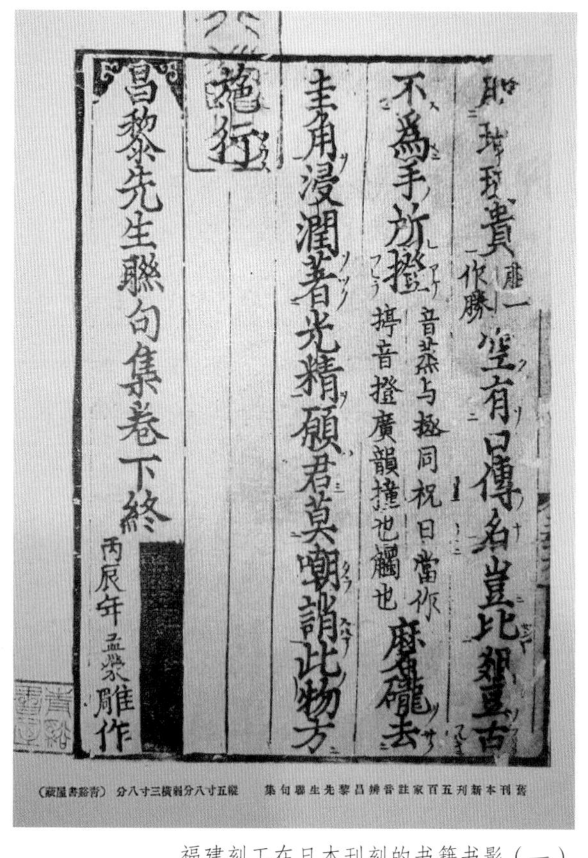

貴 一作勝 豈有口傳名豈比
不爲手所撜 音蒸与拯同 祝曰當作 拯音撜廣韻撜也觸也 磨礱去
圭角浸潤著光精願君莫嘲誚此物方
施行

昌黎先生聯句集卷下終
丙辰年孟榮雕作

舊刊本新刊五百家註音辨昌黎先生聯句集　縱五寸八分弱橫三寸八分（青谿書屋藏）

福建刻工在日本刊刻的书籍书影（一）

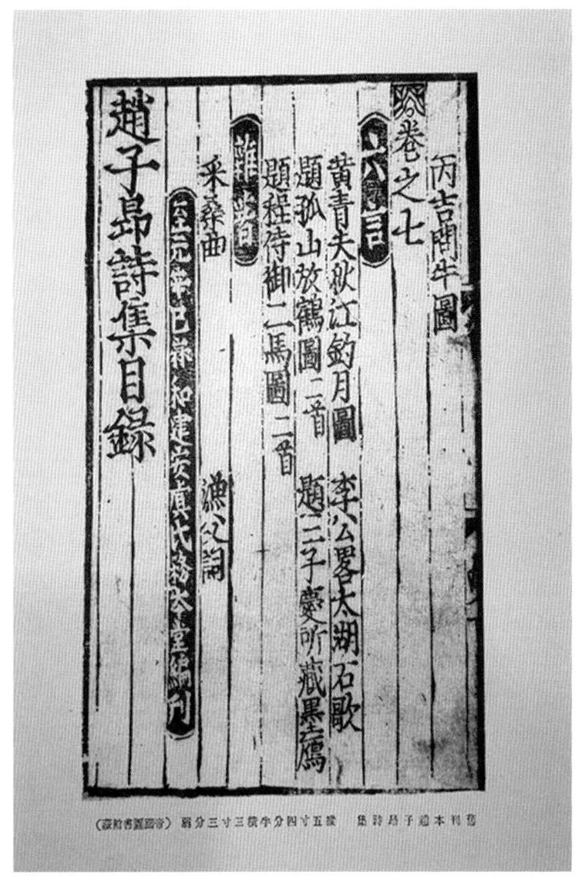

丙吉問牛圖
卷之七
黃青夫秋江釣月圖　李公署太湖石歌
題孤山放鶴圖二首　題二子所藏黒鷹
題程待御二馬圖二首
采桑曲　漁父詞
趙子昂詩集目錄

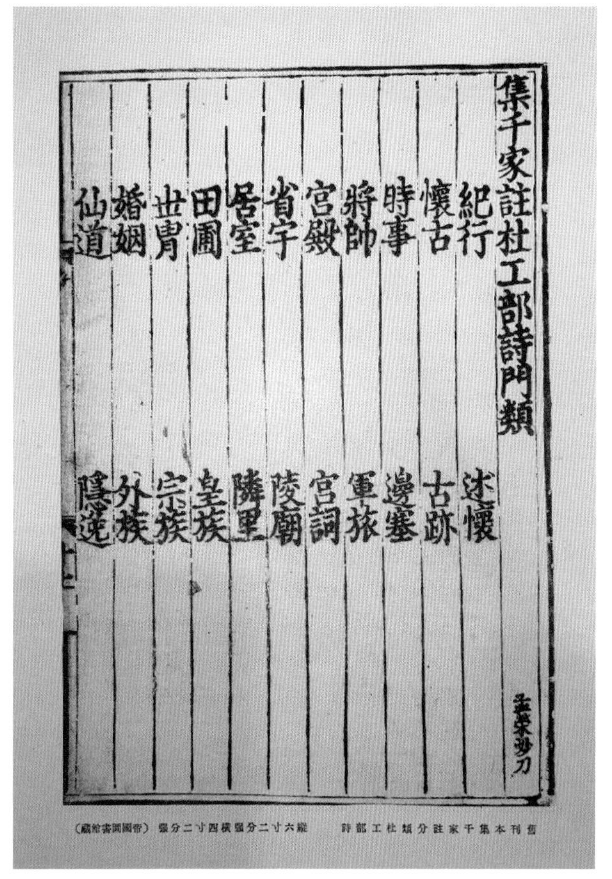

集千家註杜工部詩門類
紀行　述懷
懷古　古跡
時事　邊塞
將帥　軍旅
宮殿　宮詞
省宇　陵廟
居室　隣里
田圃　皇族
世胄　宗族
婚姻　外族
仙道　隱逸

福建刻工在日本刊刻的书籍书影（二）

文中所称“唐人刮字工”，即指中国雕版刻工。这是最早记载中国刻工赴日本从事刻书工作的史料。据传本考知，当时在陈孟千、陈伯寿去日本之后，有相当数量的刻工也去日本刻书。

隐元禅师东渡日本后，更是将雕版印刷术广泛推广，在很长一段时间内成为日本印刷界的主流。其中，日籍黄檗禅僧铁眼道光依据隐元禅师东渡所带的《嘉兴藏》，历时 18 年刊刻出《黄檗大藏经》，共有 6956 卷，赠送给各大宗派的名山大寺。《黄檗大藏经》的明朝字体成为日本官方汉语字体，大大推动了日本从瓦版到雕版印刷技术的发展和佛典的流通。而且，相关经典的刊刻、传播，也大大推动了整个中国汉语文化在日本的普及和江户社会的文明进步。

六、本草医药与黄檗

《本草纲目》是由明朝伟大的医药学家李时珍（1518—1593）为修改此前医书中的错误而编，他以毕生精力，亲历实践，广收博采，对本草学进行了全面的整理总结，历时二十九年编成。

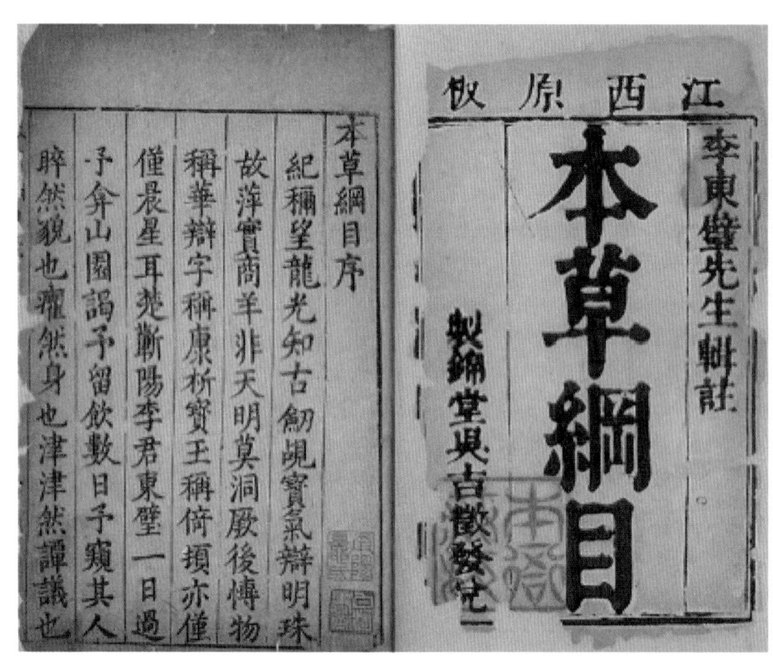

江西原板

李東璧先生輯註

本草綱目

製錦堂吳吉徽發兌

本草綱目序

紀稱望龍光知古劍覘寶氣辯明珠
故萍實商羊非天明莫洞厥後博物
稱華辯字稱康析寶玉稱倚頓亦僅
僅晨星耳楚蘄陽李君東璧一日過
予弇山園謁予留飲數日予窺其人
睟然貌也癯然身也津津然譚議也

明版《本草纲目》书影

《本草纲目》刊行后不久，即于江户初期传入日本，给江户时期的本草研究以极大的影响。这一史实，可以通过江户时期曾多次印刷此书而得以证明。据“第 92 回日本医史学会总会（1991）”之“《本草纲目》的传来和金陵本”论文资料，《本草纲目》的江户版本共有 6 种，并进行了总计 14 次印刷。

江户时期传入日本的，还有本草学、伤寒学、针灸治疗技术等，促进了与中医、中药相融合的日本汉方医学的形成。

独立性易禅师在日本广传医术，杏林流芳。他带去了痘病的诊疗技术、中医药理论等。

除了独立性易外，黄檗僧人中不少深谙医术，隐元禅师火烧盐草驱瘟疫等义举，在日本民间留下佳话，木庵、即非等禅师亦为日本医学发展做出了特别的贡献。

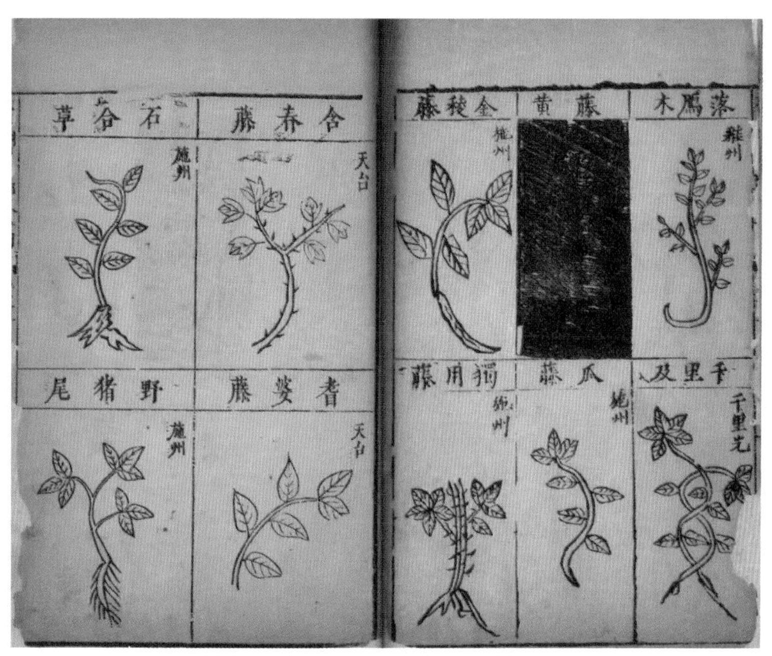

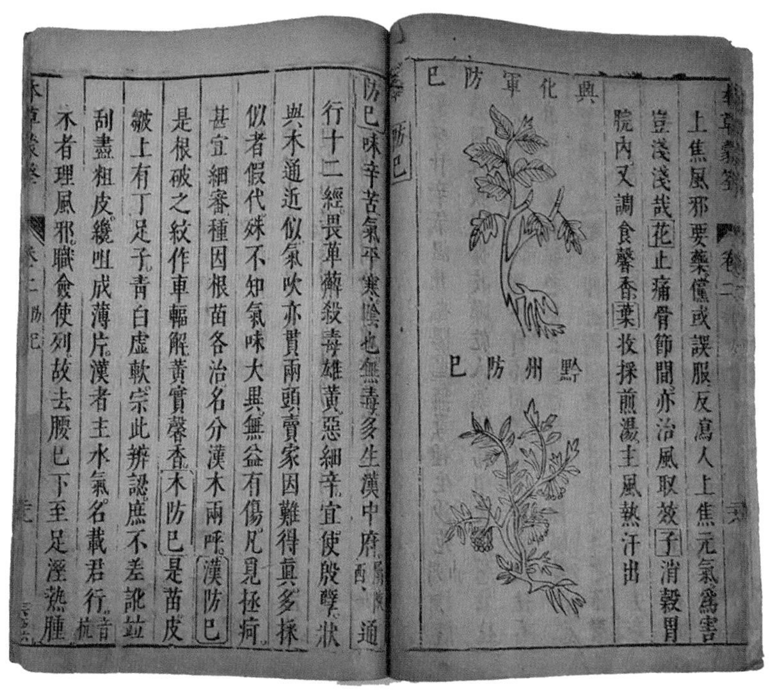

《本草纲目》的前身《本草蒙筌》书影

七、乐谱琴经与黄檗

《魏氏乐谱》是明末海商、黄檗檀越魏之琰将数种明代乐曲传到日本后，由其后裔魏皓（字子明）于1768年（日本明和五年）正式组织刊印。《魏氏乐谱》共分六卷，辑录了明朝时期传至日本的我国古代音乐作品，包括传入日本的200多首明代俗曲。这些诗词乐谱在日本素有“魏氏乐”或“明乐”之称。

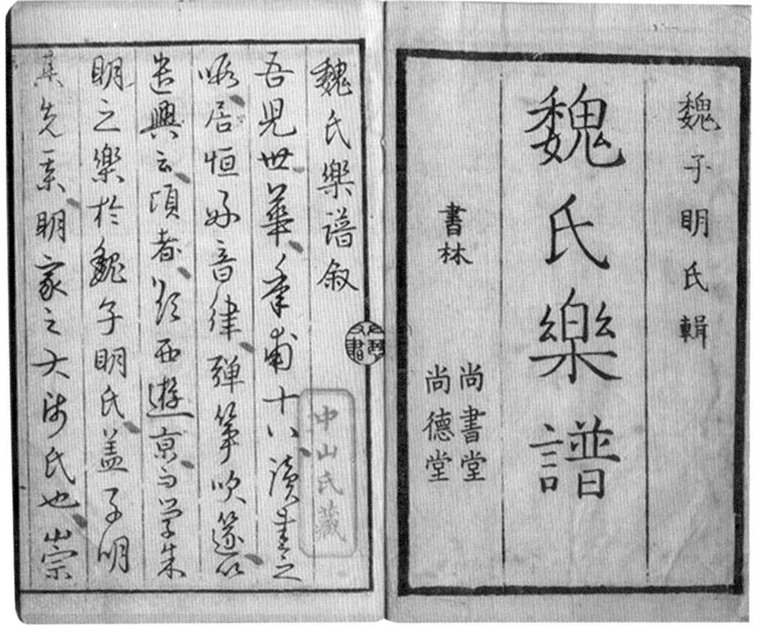

魏子明氏輯

魏氏樂譜

書林
尚書堂
尚德堂

魏氏樂譜敘

《魏氏乐谱》书影

八、闽茶与黄檗煎茶

从陆羽《茶经》、蔡襄的《茶录》到顾元庆的《茶谱》、《说铃》里的“闽茶”，直到黄檗煎茶，茶文化的形成与发展充满了历史的沉淀和渗透。

福清煎茶，采用独特的低温微发酵工艺，保留了茶叶天然内含物与原汁原味，具有耐煎煮、茶韵清爽幽香、清热祛火等特质。

明末清初，隐元禅师东渡日本，开创了日本黄檗禅宗文化，并传播福清煎茶文化，开创了日本的煎茶文化。日本煎茶道尊隐元禅师为“日本煎茶道始祖”。

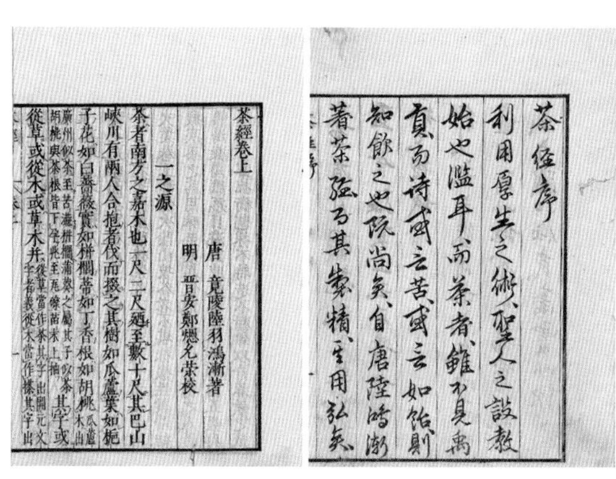

茶經卷上
唐 竟陵陸羽鴻漸著
明 晉安鄭熜允榮校
一之源
茶者南方之嘉木也一尺二尺迺至數十尺其巴山峽川有兩人合抱者伐而掇之其樹如瓜蘆葉如梔子花如白薔薇實如栟櫚莖如丁香根如胡桃

茶经序
利用厚生之術聖人之設教
始也濫耳而茶者雖少見禹
貢而詩或言苦或言如飴則
知飲之也既尚矣自唐陸鴻漸
著茶經為其家精至用弘矣

茶經
茶具圖贊 茶經傳 茶經外集
水辨 茶譜 茶譜外集

唐陆羽著《茶经》

茶錄并序

北宋蔡襄书《茶录》

茶譜
明顧元慶輯
附外集

明顾元庆辑《茶谱》

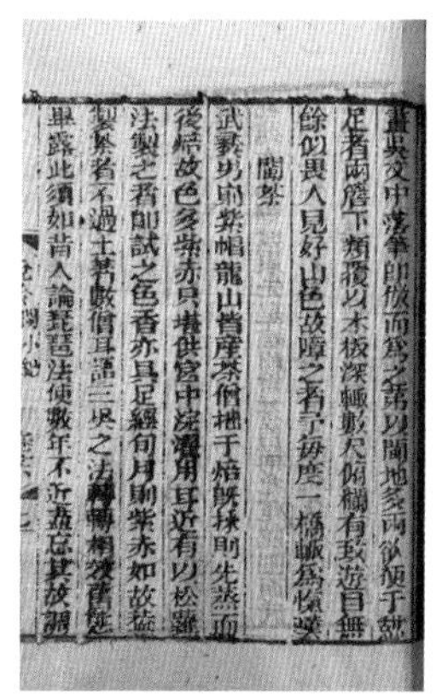

清吴震方辑《说铃》

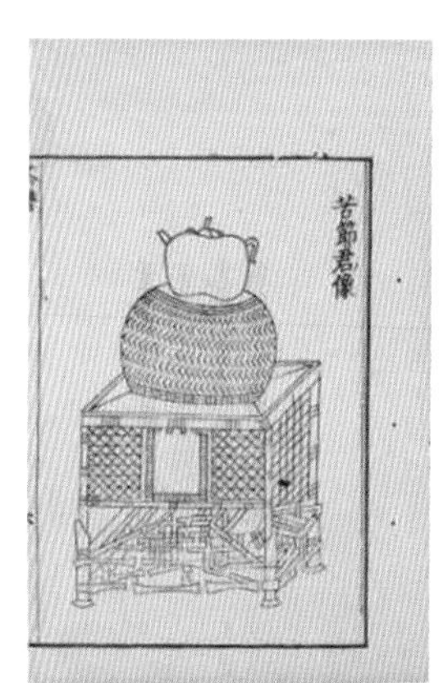

黄檗煎茶图

隐元禅师与黄檗文化

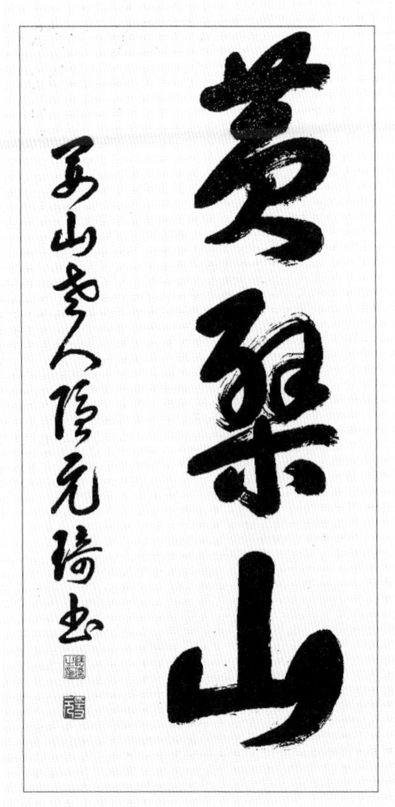

以隐元禅师（1592—1673）为代表的黄檗禅僧和黄檗外护共同将明代的先进文化、科学技术和禅学经义持续向日本传播和弘扬。

隐元禅师及随行的东渡弟子，学识渊博，多才多艺，他们对当时日本思想礼制、禅学经义、医学医药、书法绘画、音乐武术、诗词歌赋、建筑雕塑、出版印刷、造桥造田、农业种植、社会习俗等影响甚大。

一、四次受邀，东渡扶桑

自 1652 年（日本承应元年）4 月起，经德川幕府批准，日本兴福寺主持逸然和尚接二连三地修书恳请隐元禅师赴日弘法。隐元因主持巨刹，分身乏术，以年老路远为由，婉言谢绝。

1653 年 11 月，隐元接崇福寺主持超然等七人联名的第四次恳切邀请，深受感动，终于答应东渡。

被日本七次册封为国师的隐元禅师

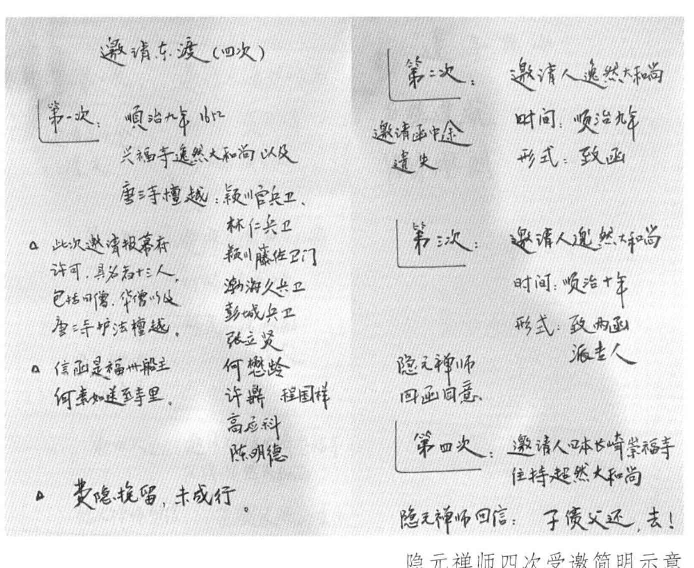

隐元禅师四次受邀简明示意

2017 年日本长崎发行的纪念册《情谊永恒——长崎与中国诉说不尽的交流往事》中介绍了隐元禅师的功绩

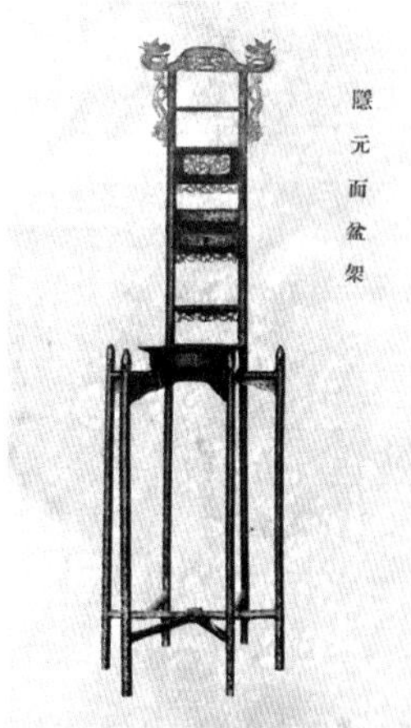

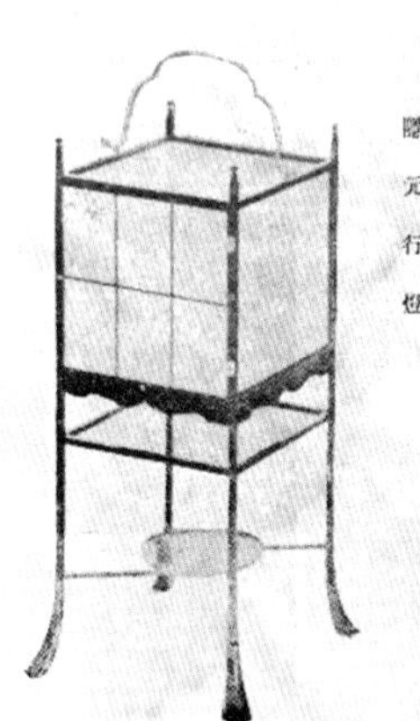

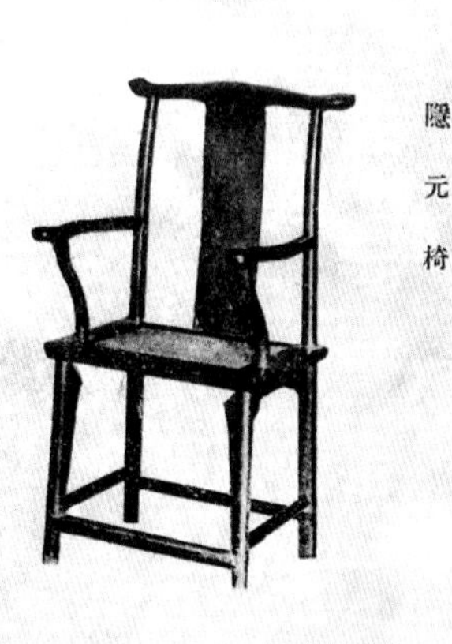

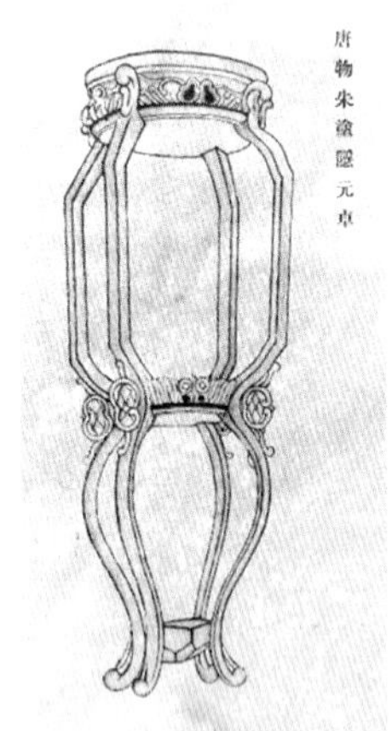

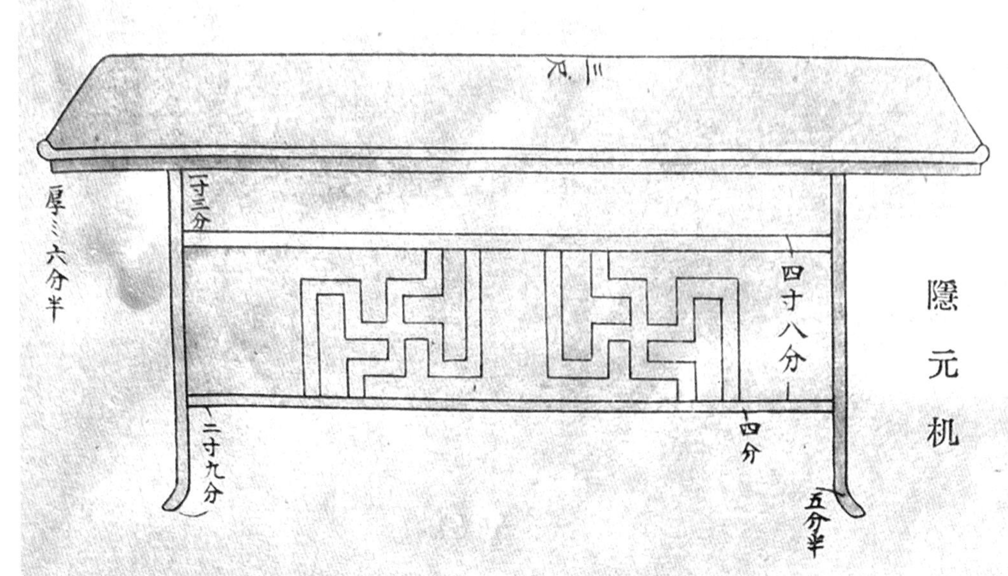

隐元禅师东渡扶桑，带去的家具和用品，后多以隐元禅师的名字冠名。

二、宇治开山，万世景仰

“寺社请领制度”，是指江户时期幕府抑制基督教、天主教，日本平民被规定必须作为檀越（施主）归属某一寺院，从而证明自己非基督、天主教徒的身份，这个制度称为“寺社请领制度”。

隐元禅师东渡正值“寺社请领制度”实施后期，隐元禅师得幕府赐地，在京都宇治开创黄檗山万福寺。开山礼成后（一六六一年五月初八），中国僧侣纷纷致书隐元禅师，表达祝贺。

费隐通容禅师致书：吾侪主法人，彼此一天，其道无二。

无得海宁禅师致书：和尚东渡，为彼岸第一人。

良治性乐禅师致书：初建太和，法道东兴，其在斯时。

独具特色的“黄檗文化”氛围，逐渐成为日本佛教中的一部分。具有鲜明汉传佛教文化风格的黄檗禅，现已深深扎根日本，成为中日文化交流的见证和纽带。隐元禅师为推动和促进中日文化交流互鉴，做出了重要贡献。

中国福建黄檗山万福寺致贺日本京都黄檗山万福寺开山360周年 原创

中国新闻网

06-17 20:27　中国新闻网官方帐号

中新网福建福清6月17日电 6月17日，中国福建黄檗山万福寺致贺日本京都黄檗山万福寺开山360周年。

贺词称，6月17日是日本京都黄檗山万福寺开山360周年大典，中国福建黄檗山万福禅寺住山定明大和尚率两序大众，为纪念隐元祖师的开山伟业，送去美好的祈愿和衷心祝福：恭祝贵寺法务昌隆，阖山僧众六时吉祥。

贺词指出，367年前，隐元祖师受日本僧俗四度礼请，慨然东渡扶桑，创建京都黄檗山万福寺，中国黄檗山临济宗风由兹东传，法乳绵绵，成就日本黄檗宗之创立。京都黄檗山万福寺亦由此成为黄檗宗大本山，标志着临济宗黄檗派在日本的正式展开，促进了中日佛教文化的交流与互鉴。

2021 年，中新网报道《中国福建黄檗山万福寺致贺日本京都黄檗山万福寺开山 360 周年》截图

三、《黄檗清规》，宗门纲常

《黄檗清规》是隐元禅师给黄檗僧侣制定的规则仪式。由第二代木庵性瑫禅师校阅，第五代高泉性潡禅师在1670年编集而成。

内容有祝厘、报恩、尊祖、住持、梵行、讽诵、节序、礼法、普请、迁化等十章，为日本佛教提供中国明代禅林生活的制度和仪式，它使得日本黄檗宗按照明朝佛教的模式发展，保持着自己的独立性，同时也刺激了日本禅宗的其他宗派，整理恢复自己派内的清规。

美国亚利桑那大学东亚系教授、佛教研究中心主任吴疆先生在其著作《蹈海东瀛》中，还披露了隐元禅师东渡40年后，由黄檗山第六代方丈千呆性安禅师主持订立的《宗门条规》。吴疆教授还特别注明，感谢北京广化寺定明法师（现福清黄檗山万福寺方丈）2014年2月给予他的学术帮助，用邮件解释了中国禅寺管理者的职位。现将《宗门条规》附录于下：

宗门条规

黄檗门庭日以浩繁，故间有乱统之辈而法弊转多。自不专究己躬下事，惟趋势利，取笑傍观。因兹不得不立规条，晓示各派儿孙，所谕件件各宜体悉。

大法授受，必须择其见地品行为要。纵承印可，不登本山秉拂提唱者，不许登名位。倘有实行老德，不能提唱者，本山许任版首，以登名簿。

后生晚年未开堂者，不许着红色法衣。但传衣之人为一寺住持者，或有升座说法，或秉炬等，不妨着之。

得法后，若还衣法者，一宗摈出。或本师在世，参学游方，他师不得附嘱，使负恩义，或师资未相见，不许附嘱，以违祖训。各须知之。

传法人不得赁屋住街市，炫耀见闻，卖弄道法，减人信心。

未开堂，不许立四版首，并各处小庵院，虽授戒法，宜应寂静，不可集众混动。

得法尼僧，除木兰色袈裟外，不许着色衣。受嘱居士所着之服，须黑色，莫使华丽。

不可滥付俗士尼女，又居士时虽受嘱，及剃染，不许将所嘱混大僧，登名位。大凡晚年出家者，各宜谦让守分。

以上规则共七条，必须人人遵守，个个力行，不特法门有幸，实不负国王大臣受嘱之心也。如有中间违背者，当摈逐，再不许入众。切嘱切嘱。

元禄九丙子年六月晦日

黄檗第六代千呆安立

四、多元传播，与日俱长

1655 年 6 月，费隐通容禅师致隐元禅师书信中提及：老僧仓卒，无所置办，以复吾徒。唯《五灯》一部、四家帖一套、银如意一握、名画一幅、老僧《全录》一部、略伴片笺之寄当以收用。

隐元禅师为中国黄檗禅文化的中兴者，同时又是日本黄檗文化开创者，其诗词优雅，兼具书法之才，声名远播及于近世日本佛教、文化界。

隐元禅师除了唤醒日本禅学之风，普及汉诗与书法的文化交流外，京都万福寺的造型，多属明代的建筑格调，可说是明朝寺院建筑技法移植日本最典型的代表。

黄檗僧众在佛教礼仪、佛像雕刻、书法绘画等领域的文化素养，潜移默化了日本佛教各宗派，丰富了中国禅学的风味。

隐元禅师等黄檗僧人东渡时，带去了大批明清名家书画真迹，作为黄檗文化的珍品，大多收藏在万福寺内，使宇治黄檗山成为荟萃中华文物精品的宝库。在书道文化的传播方面，隐元禅师与弟子木庵性瑫禅师（1611–1684）、即非如一禅师（1616–1671），被誉为“黄檗三笔”。同时，书法绘画的发展也推动了日本篆刻和印刷业的进步。

独立性易禅师、高泉性潡禅师等善于篆刻并将技法传授给长崎高天漪（深见玄岱）等弟子，为明朝篆刻文化在日本之发展做出了贡献。

隐元在日本弘法遍布全国，以后水尾法皇（1596—1680）为首的皇族、以幕府要人为首的各地大名（诸侯），以及众多的商人相继皈依黄檗宗。后水尾法皇敕封隐元禅师为“大光普照国师”。1673 年，隐元禅师在日本圆寂，享寿 82 岁。

此外，隐元禅师东渡时还带去一些中国植物种子，如在日本民间家喻户晓的隐元豆（扁豆）。黄檗僧人常吃的中国式食品，如胡麻豆腐、隐元豆腐、黄檗馒头等，也传入日本其他寺院和民间。京都万福寺前的白云庵也是传布日本各地的中国风格净素烹饪普茶料理的发源地，对日本饮食文化产生了深远的影响。

五、断际后身，禅兴法皇

日本后水尾天皇（日本第108代天皇，1611—1629年在位）曾拜隐元禅师为师。

隐元禅师东渡日本时，后水尾天皇已经在京都相国寺出家三年了，在宫中专心从事文教与修行，故称“法皇”。

后水尾法皇通过与隐元禅师的往来，被隐元禅师的学问经义、精神意志所折服，倾心于隐元禅师的禅风，最终承接了隐元禅师的法系。

1673年四月二日，法皇赐封隐元禅师为大光普照国师。敕书追叙中华文脉源远流长，临济禅宗盛行天下，赞扬隐元禅师东渡传法而功德巍巍。

此后，日本皇室先后敕封隐元佛慈广鉴国师、径山首出国师、觉性圆明国师等谥号。

日本后水尾法皇像

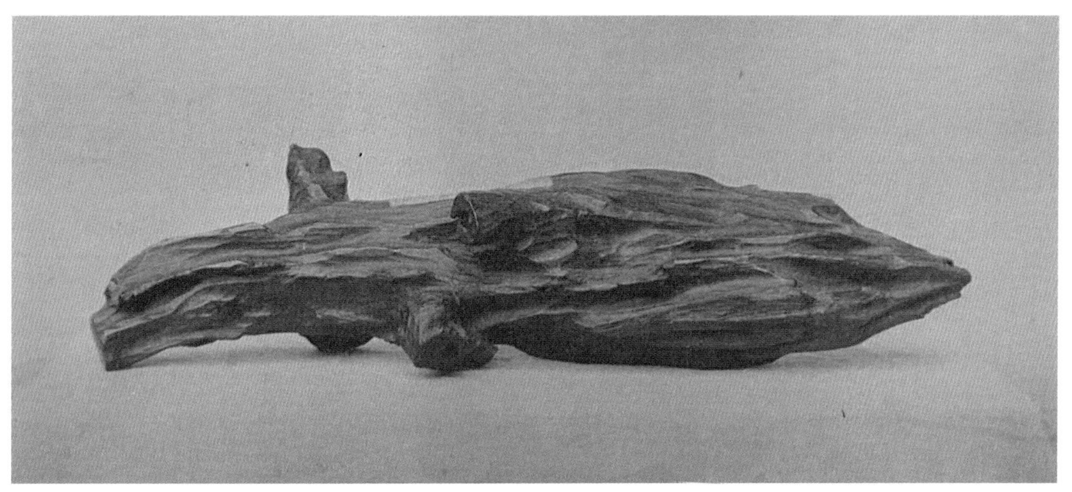

日本后水尾天皇御赐沉香

日本后水尾天皇御赐茵

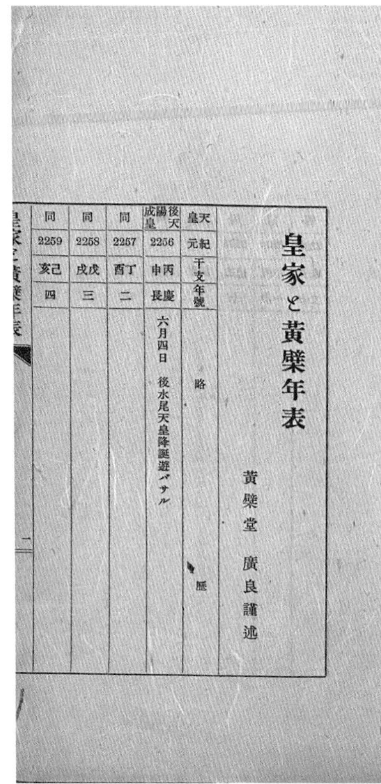

皇家と黄檗年表

黄檗堂 廣良謹述

天皇	紀元	干支年號	略 歷
後陽成天皇	2256	丙申 慶長	六月四日 後水尾天皇降誕遊バサル
同	2257	丁酉 二	
同	2258	戊戌 三	
同	2259	己亥 四	

後水尾法皇と黄檗宗

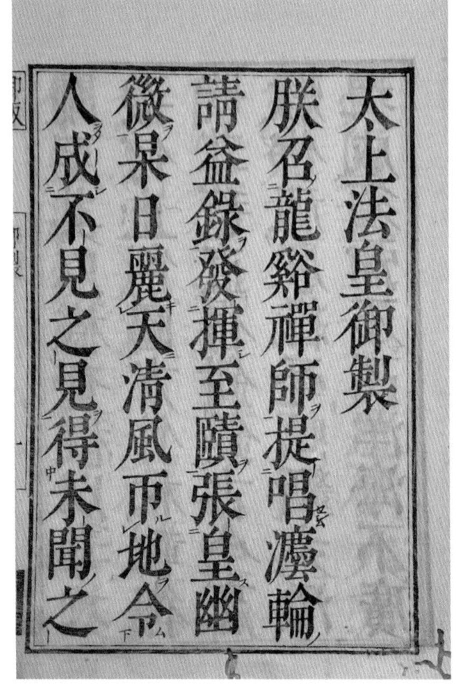

太上法皇御製

朕召龍谿禪師提唱瀌輪請益錄發揮至賾張皇幽微杲日麗天清風帀地令人成不見之見得未聞之

御版

日本皇室与黄檗有关的部分书籍书影

六、檗山礼祖，根在福唐

《黄檗宗第二次友好访中团中国旅行记》中曾记载了日本黄檗宗六次访华的情况。

第一次是昭和五十四年（1979）12月9日—20日，出访地点福州（黄檗山）、泉州、杭州。

第二次是昭和五十八年（1983）11月10日—昭和五十九年（1984）1月21日，出访地点福州（黄檗山）、广州、泉州、杭州。

第三次是昭和五十九年（1984）12月10日—17日，出访地点福州（黄檗山）、上海、泉州、广州、台北。

第四次是平成四年（1992）6月22日—27日，出访地点福州（黄檗山）、上海、苏州。

第五次是平成五年（1993）3月8日—14日，出访地点福州（黄檗山）、上海、苏州、无锡。

第六次是平成六年（1994）4月13日—18日，出访地点福州（黄檗山）、上海、苏州、北京。

日本黄檗宗僧众参礼隐元禅师所修的上善塔

先进文化的黄檗

一、忠孝礼德

隐元禅师秉性刚正，苦行高谊。他和黄檗僧团的个人道德修养给当地民众以很大影响，他们以禅宗文化为内核，融合儒道释和诸子百家思想，倡导中华伦理道德，坚持由儒入佛，践行忠孝节义，强调孝是万行首、友谊重金石，追求国大万方朝、花开万国春，体现出浓厚的家国情怀，深受日本人民接受和认可。

独湛性莹：国大万方朝　　悦山道宗：花开万国春

千呆性安：孝是万行首

杨津：云头思汉图

悦山道宗：友谊重金石

孝是万行首，友谊重金石，以及象征忠义的关公画像，这些都是黄檗禅僧笔下书法绘画作品经常出现的关于儒家纲常伦理和忠孝仁义的题材。

万福寺大雄宝殿挂匾是“祝圣道场”，寓意“为国开堂祝圣”。

隐元禅师在 81 岁高龄时，还对弟子写下嘱托:“山之有宗，水之有源，寻源溯本，岂不知恩。”

1929 年的黄檗万福寺大殿照片

福清黄檗山万福寺“祝圣道场”

明神宗于万历四十二年（1614）御赐黄檗山的《永乐北藏》，被万历首辅大臣叶向高称为“海内共六处，黄檗在其中”。寺庙也由此从“建德禅寺”更名为“万福禅寺”。

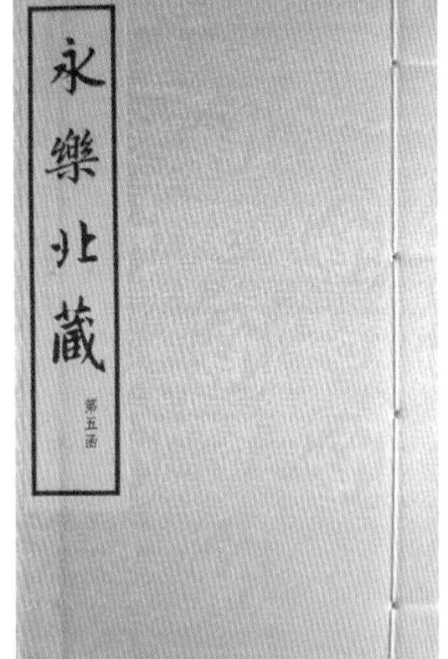

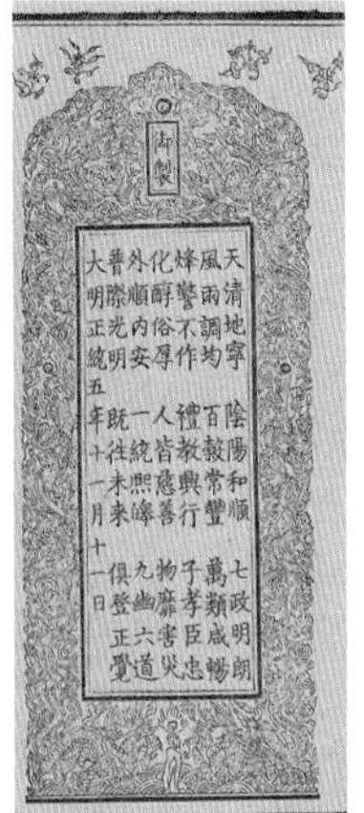

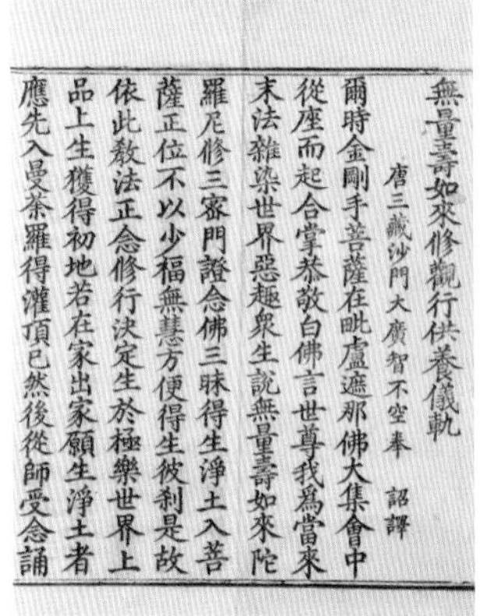

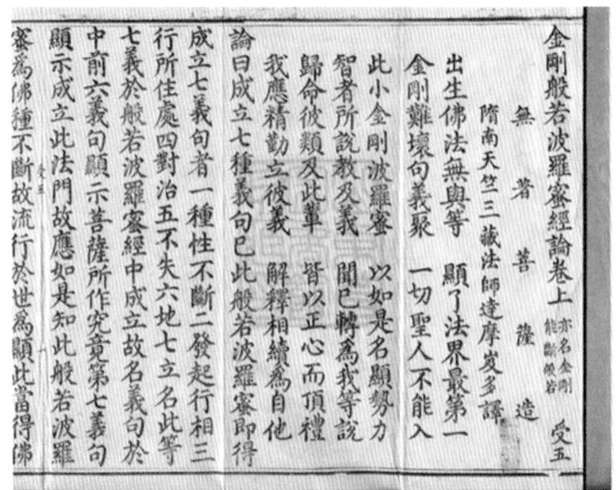

明万历皇帝御赐黄檗山万福寺《永乐北藏》书影

敕朕以支那宗匠斷除後身德
感神物法囑王臣黄檗開山
大光普照國師隱元琦光和尚
乃其人也曾應請東渡三百年
來已滅之宗燈重揭起焉所以
先皇歸崇寵榮優渥朕亦慮
深有夙緣繼其聖旨沐于師風
不以爲少矣茲逢半百忌辰近
臨追慕無已更加徽號謚佛慈
廣鑑國師塔曰眞空以壽將
來者也

享保七年三月十三日

日本灵元上皇御谥隐元国师的亲笔手诏御札

日本天皇七次敕（谥）封隐元禅师。

第一次：宽文十三年（1672），后水尾法皇敕为“大光普照国师”；

第二次：享保七年（1722），灵元上皇加谥为“佛慈广鉴国师”；

第三次：安永元年（1772），后樱町上皇加谥为“径山首出国师”；

第四次：文正五年（1822），光格上皇加谥为“觉性圆明国师”；

第五次：大正六年（1917），大正天皇加谥为“真空大师”；

第六次：昭和六十二年（1972），昭和天皇加谥为“华光大师”。

第七次：令和四年（2022），明仁天皇加谥为“严统大师”。

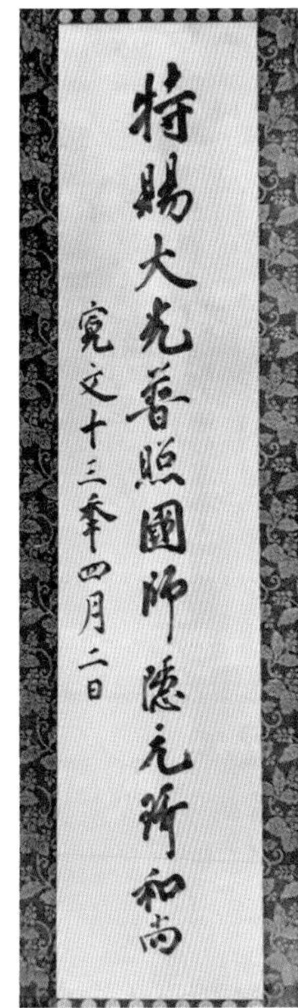

左图：日本后水尾天皇特赐隐元国师的亲笔手诏御札
右图：日本皇家从后阳成天皇到裕仁天皇350年间与黄檗宗交往的年表书影

日本明治天皇赐御笔《真空》，此后大正天皇追谥隐元禅师为“真空大师”

《普照国师年谱》书影

二、书画艺术

汉字书法被日本人称为书道，在日本社会非常盛行，以至公认为是衡量一个人文化素养的标志。黄檗僧团东渡，带去了大量珍藏的书画。隐元大师和他的弟子木庵性瑫、即非如一均善书，被称为“黄檗三笔”或“隐木即”。

以隐元禅师为首，形成了黄檗书道流派，隐元大师书法师从宋人蔡襄，禅风浩荡，雄劲有力，被称为“浓墨飞白，万里一条铁”。他还长于诗文，善绘画，具有卓越的鉴赏能力。还懂得风雅，有高度的修养，这都给江户社会以影响，并引起人们的仰慕。至今，在京都，隐元、木庵的题匾楹联随处可见。

戴笠在国内时即有书名，《佩文斋书画谱》有其传记。戴笠东渡后依隐元剃度出家，法名性易，号独立，这是隐元东渡后收的第一个弟子。独立性易禅师在扶桑被公认为“日本篆刻之父”，而且他的书风与明末主要书派不同，深受时人推崇欣赏，其作品作为煎茶席的悬轴，为人所重。

即非如一楷书行书雄健阔达，诗文绘画俱佳，因求书者众多，不堪其烦，乃自碎笔砚，以戒人们贪嗔无厌的要求。

隐元五字一行双幅：珠光临万福，宝盖荫千秋

左图：木庵性瑫画《墨竹图》，题记：高节凌霜雪，青青耐岁寒。

右图：木庵性瑫画《达摩之图》，并题像赞：面黑如漆，眼白若碧，谓是初祖，好与一擘，毕竟如何，不识不识。

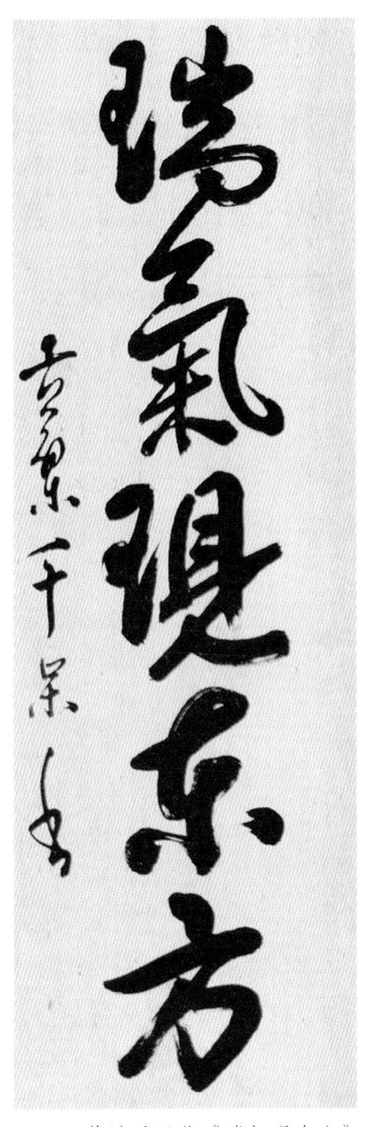

黄檗千呆作《瑞气现东方》

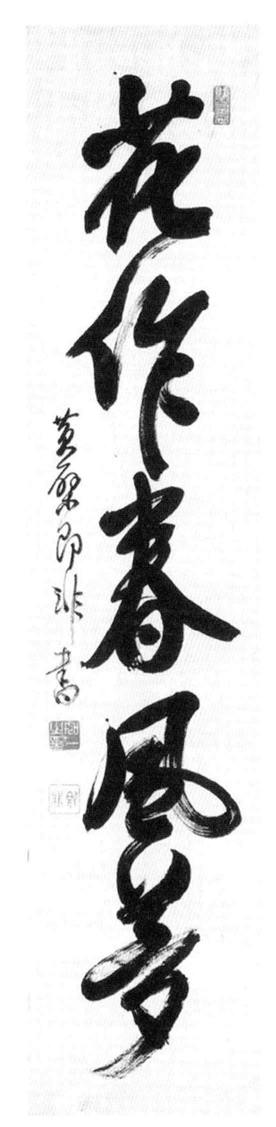

印非如一书《花作春风梦》

黄檗宗圆福寺板
仓胜澄书《德》

隐元渡来之图（彩色・水墨），日本黄檗宗西园寺住持内藤香林作

隐元及其门下皆擅书画。黄檗书风给当时书法界很大影响。黄檗禅僧书法杰作广为世人珍藏。绘画方面有木庵、即非、独湛等水墨画、佛画名家，还有卓峰道秀、鹤洲霊翯等擅长水墨画的日本僧，他们直接传袭了明代时期的文人文化，形成了特色鲜明的黄檗艺术风格。

黄檗俗家弟子、福建莆田东渡画家马言画《只履达摩图》，木庵题赞

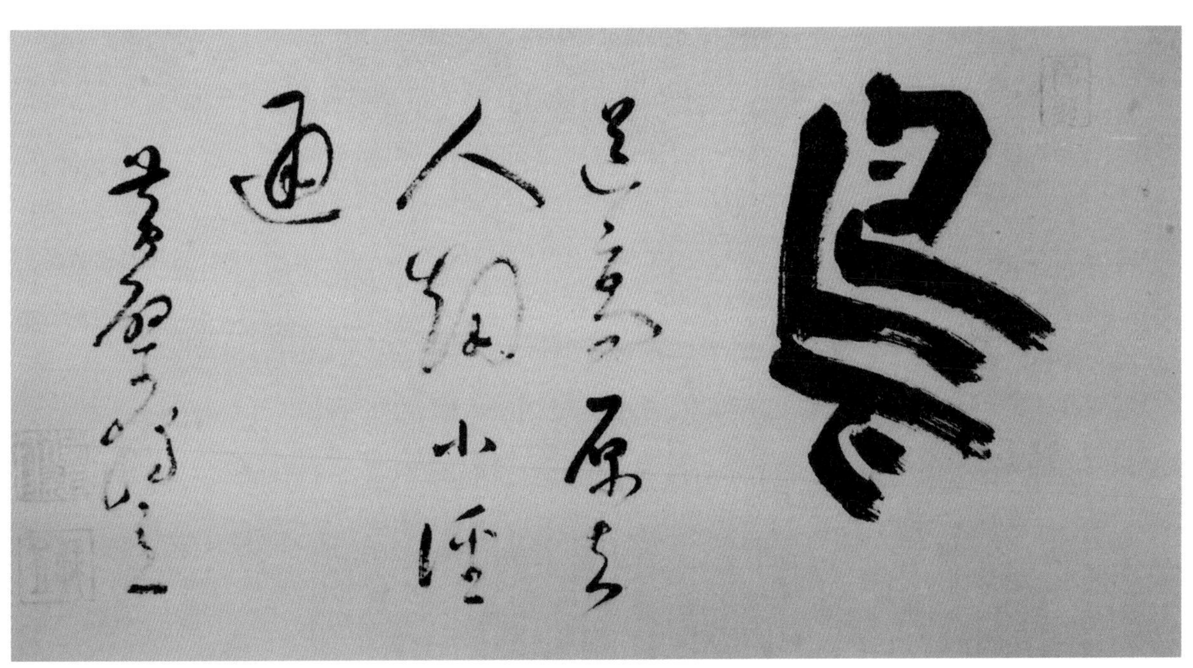

独立性易书一字关：《鸟》，鸟道高原去，人烟小径通

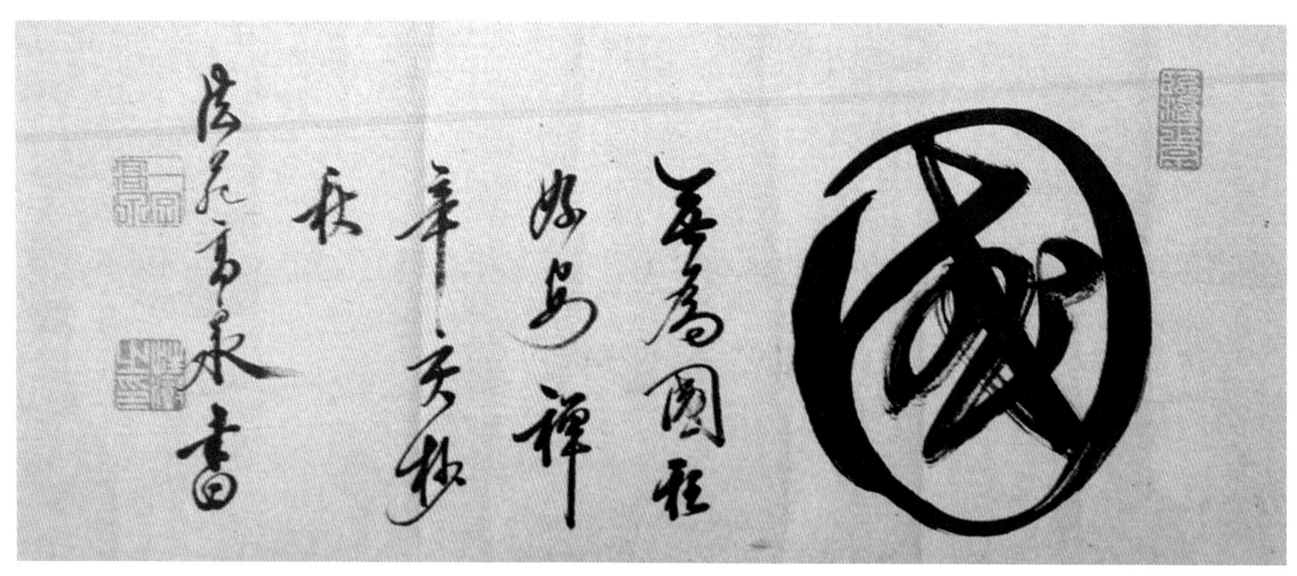

法苑高泉书一字关：《国》

黄檗高泉作《墨梅》

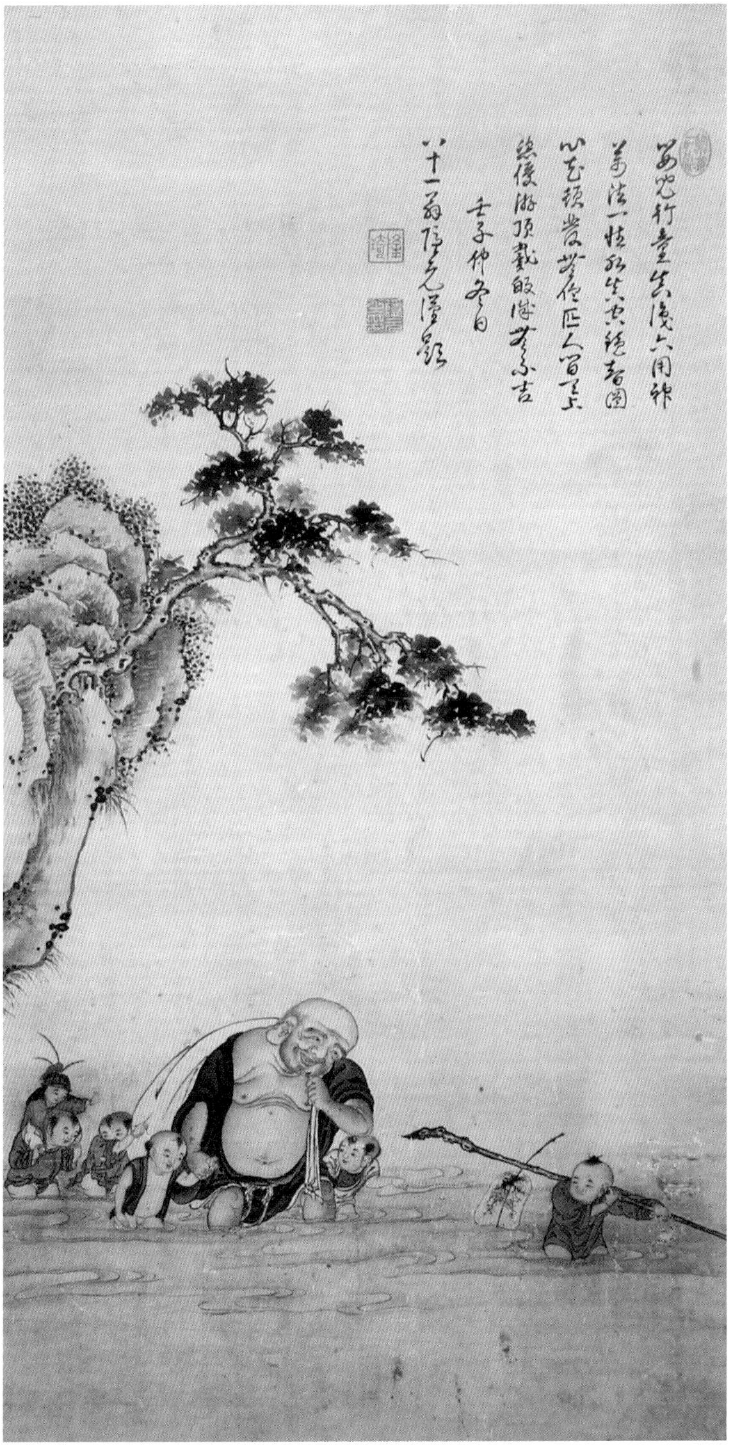

渡边秀石画《布袋渡水图》隐元题赞

黄檗四十四世柏树书《思无邪》

齋堂隨衆普茶飯，昔歲因緣繫夢思，四百年來桑海換，宗風不改隱元師，隱公雖去無所去，立地浮天無盡年，黃檗婆心長憶念，東西兩岸共嬋娟。

赵朴初访问日本黄檗山万福寺所作诗词

1961 年赵朴初（左二）访问日本黄檗山万福寺

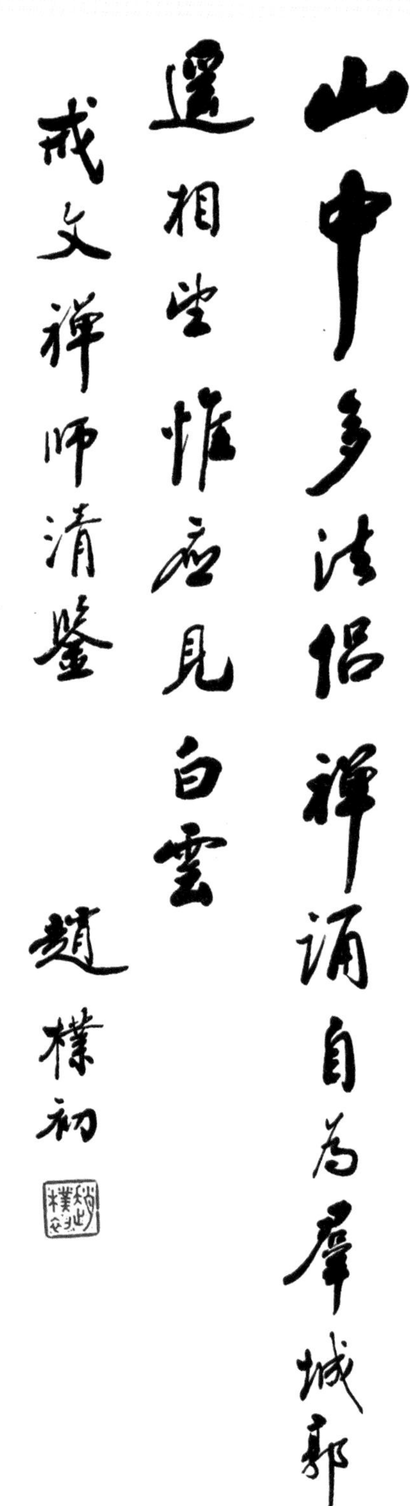

1994 年赵朴初为福清万福寺时任方丈戒文题词

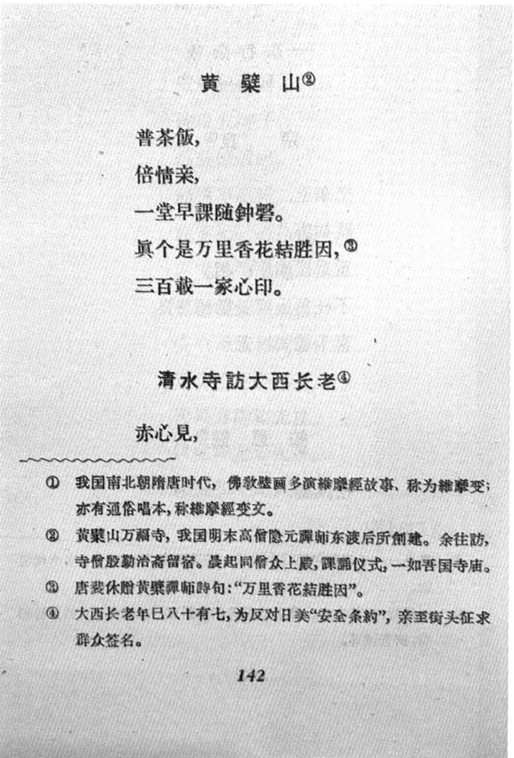

黄檗山②

普茶飯，
倍情亲，
一堂早課随鈡磬。
真个是万里香花結胜因，③
三百载一家心印。

清水寺訪大西长老④

赤心見，

① 我国南北朝隋唐时代，佛教壁画多演維摩經故事，称为維摩变；亦有通俗唱本，称維摩經变文。

② 黄檗山万福寺，我国明末高僧隐元禪師东渡后所創建。余往訪，寺僧殷勤治斋留宿。晨起同僧众上殿，課誦仪式，一如吾国寺庙。

③ 唐裴休贈黄檗禪師詩句："万里香花結胜因"。

④ 大西长老年已八十有七，为反对日美"安全条約"，亲至街头征求群众签名。

142

1961 年赵朴初访问日本万福寺所作诗词收录于《滴水集》

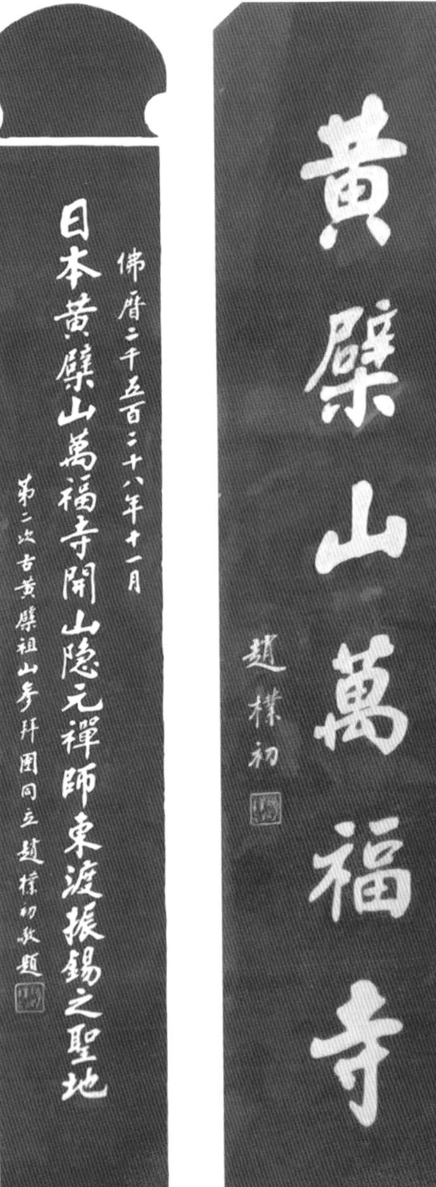
日本黃檗山萬福寺開山隐元禪師東渡振錫之聖地
佛曆二千五百二十八年十一月
第二次古黃檗祖山參拜團同立 趙樸初敬題
黃檗山萬福寺
趙樸初

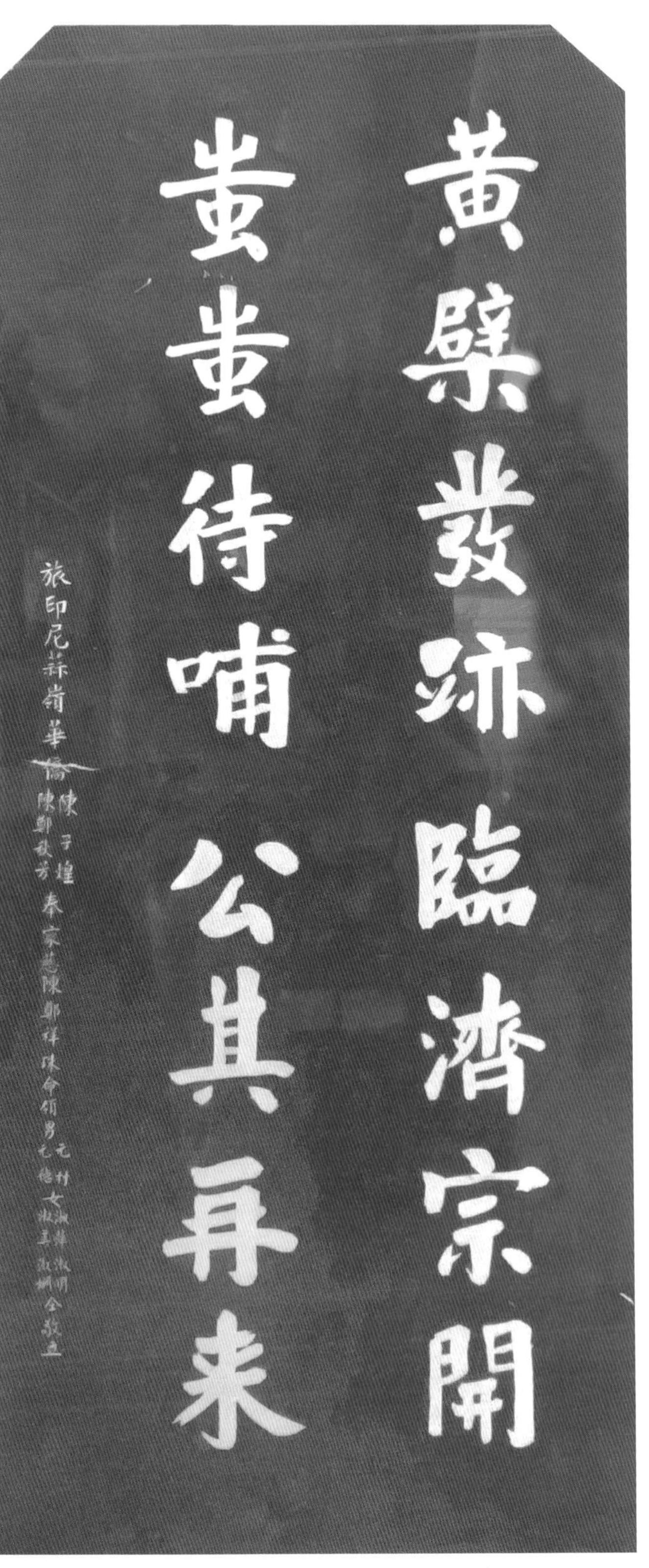
黃檗發跡臨濟宗開

黄檗万福寺碑拓（部分）

三、诗词歌赋

黄檗僧人诗文造诣深厚，隐元禅师有文集《三籁集》、诗集《禅余歌》和诗文集《黄檗隐元和尚云涛集》（共三集），木庵禅师有《鹤翁集》。

江户时期，因黄檗禅僧能诗善赋，时有“诗南源、文高泉”之称。南源性派 (1631—1692) 擅诗作，传有诗集《芝林集》《藏林集》等。黄檗门下还涌现了月潭道澄、百拙元养、大潮元皓等汉诗、汉文造诣很深的日本黄檗僧，直接影响了日本一批汉学家、文学家和思想家，对日本后期的文学创作、思想和民族精神的提升都有不可磨灭的作用。

此外，隐元儒家弟子陈元赟，将中国公安派文学主张和创作在日本传播，对日本文学革新起积极作用。他和日本僧人、文学家深草元政有唱和诗集《元元唱和集》。

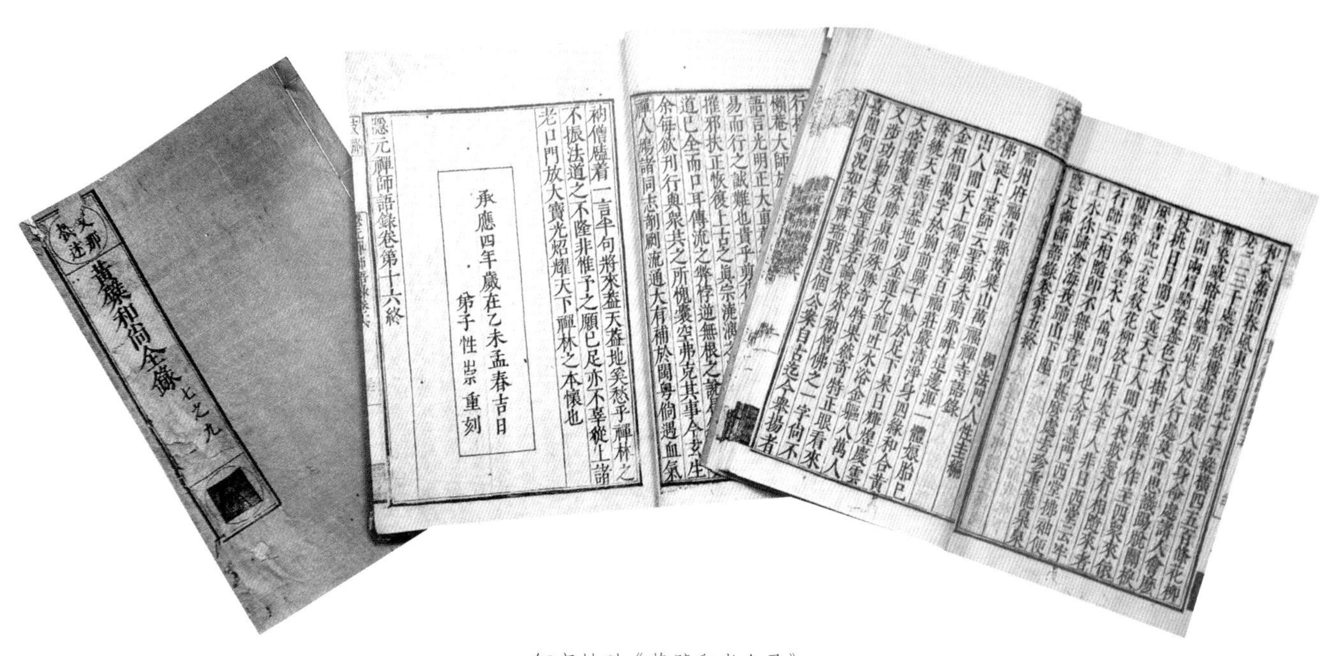

何高材刊《黄檗和尚全录》

隐元禅师所编诗集《三籁集》，除隐元诗外，还录有元代石屋和尚、梈堂禅师、中峰和尚诗

隐元禅师撰诗文作品《禅余歌》

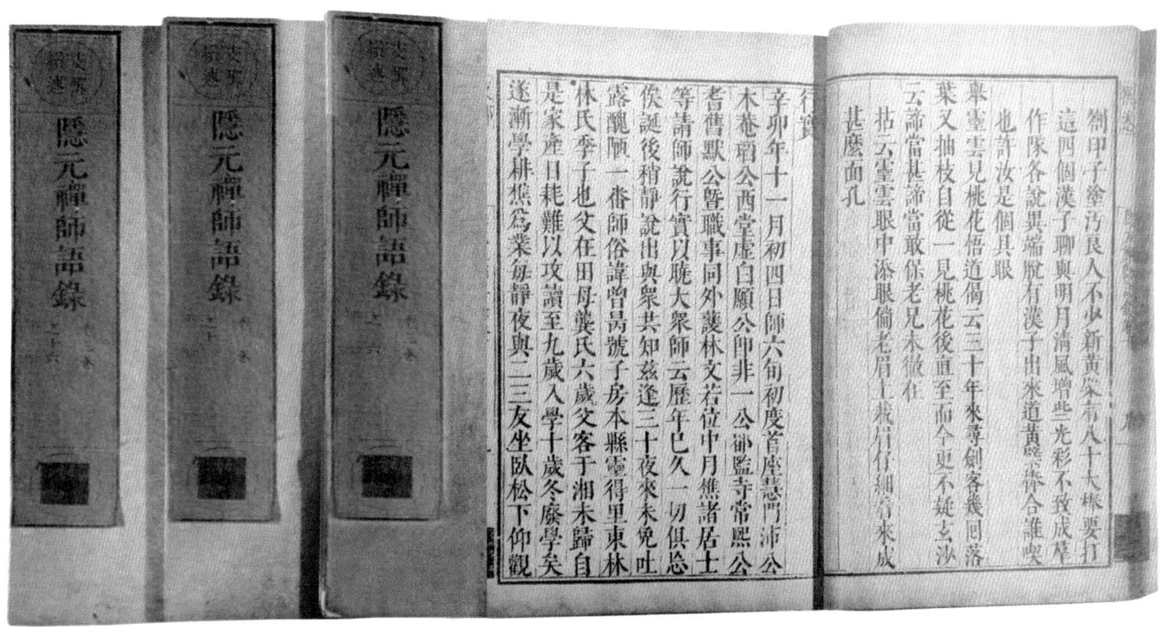

隐元禅师语录书影

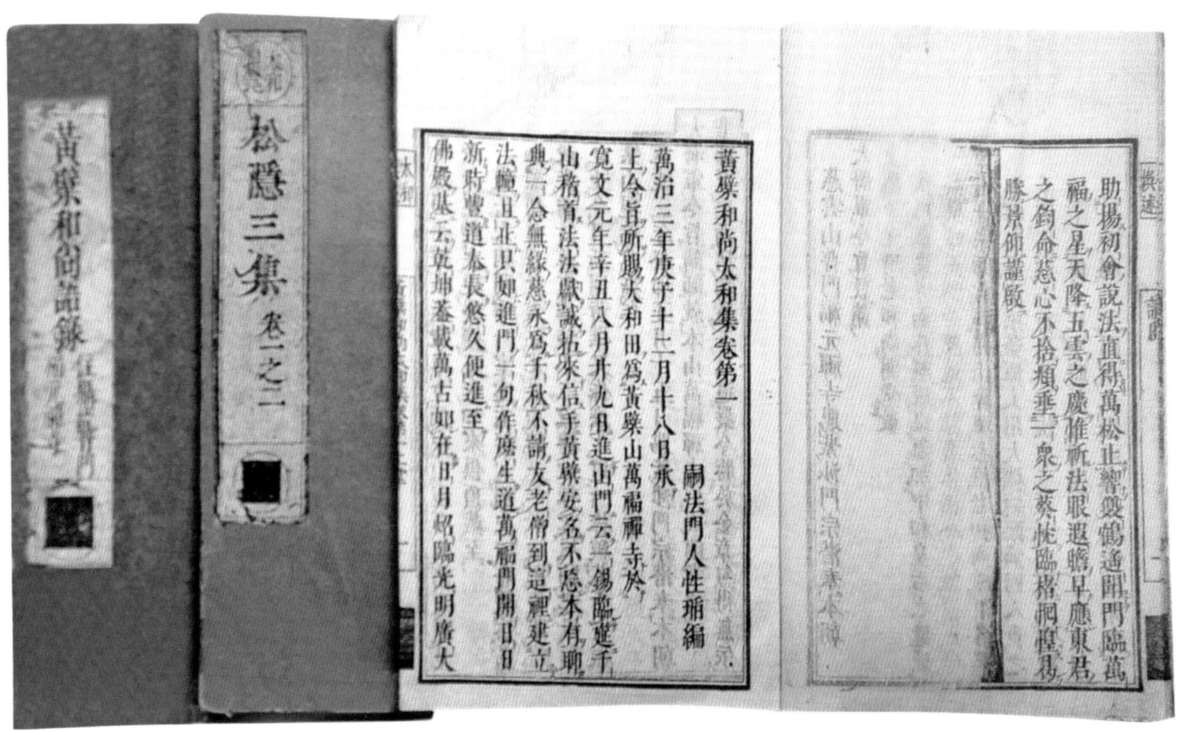

《黄檗和尚语录》等书影

隐元禅师有大量语录、诗偈集、著述传世，他的文人修养令日本朝野上下景仰倾倒，这些都奠定了黄檗文化的基础。

有着“文高泉”之称的高泉有《高泉禅师语录》《佛国诗偈辑要》《一滴草》《洗云集》等语录和诗集，还有《东国高僧传》《东渡诸祖传》《扶桑禅林僧宝传》等著述传世。

黄檗高泉禅师诗集《新刊一滴草》书影

四、茶艺花道

陆羽《茶经》的问世，标志着中国茶道的诞生。其后，裴汶撰《茶述》，张又新撰《煎茶水记》，温廷筠撰《采茶录》，皎然、卢仝作茶歌，推波助澜，使中国煎茶文化日益成熟。

隐元禅师和黄檗僧团煎茶饮茶方式，在日本被传承下来，形成日本煎茶道，隐元因此被日本奉为煎茶道的祖师。

由于随隐元到日本的弟子、工匠、画师多为福建人，因此，日本的煎茶道实际上保留了不少福建地区明代时的沏茶方式。

另外，黄檗僧众的煎茶习也慢慢从僧侣流传向民众，惠及日本普通民众，也使日本的武士茶发展到煎茶道的文士茶。

目前，“全日本煎茶道联盟”设立于京都黄檗山万福寺内，指导日本各地众多的煎茶道组织、爱好者定期举行品茶会。

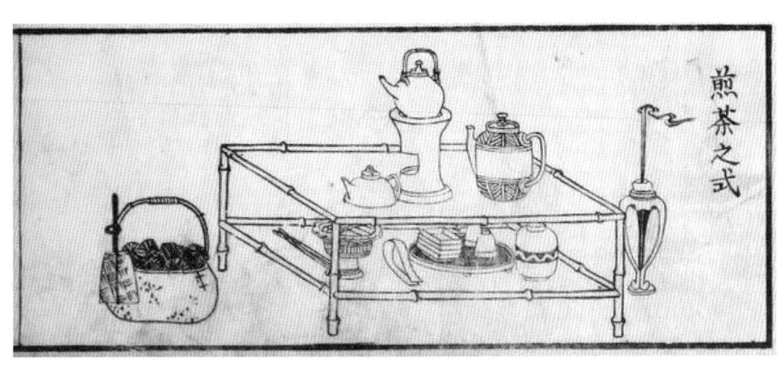

日本煎茶道茶器

木庵性瑫：客来一杯茶

《煎茶早指南》书影及卖茶翁高游外像

“禅茶合一”，“禅茶一味”。禅和茶有千丝万缕的联系。煎茶道自形成以来就以简洁为美，提倡禅文化的“和敬清闲”理念。煎茶道注重轻松愉悦的煎茶过程，营造和谐的环境，设置优美的煎茶席，让客人感受饮茶的情趣，渐渐体会茶的奥妙，最终达到心灵的感悟和超然无我的精神之境。

下图为隐元八十一岁书《雪中煮茶》：雪水闲烹赵老茶，殷勤奉献法王家；舌头香洁弹高品，道眼圆明肯着花。

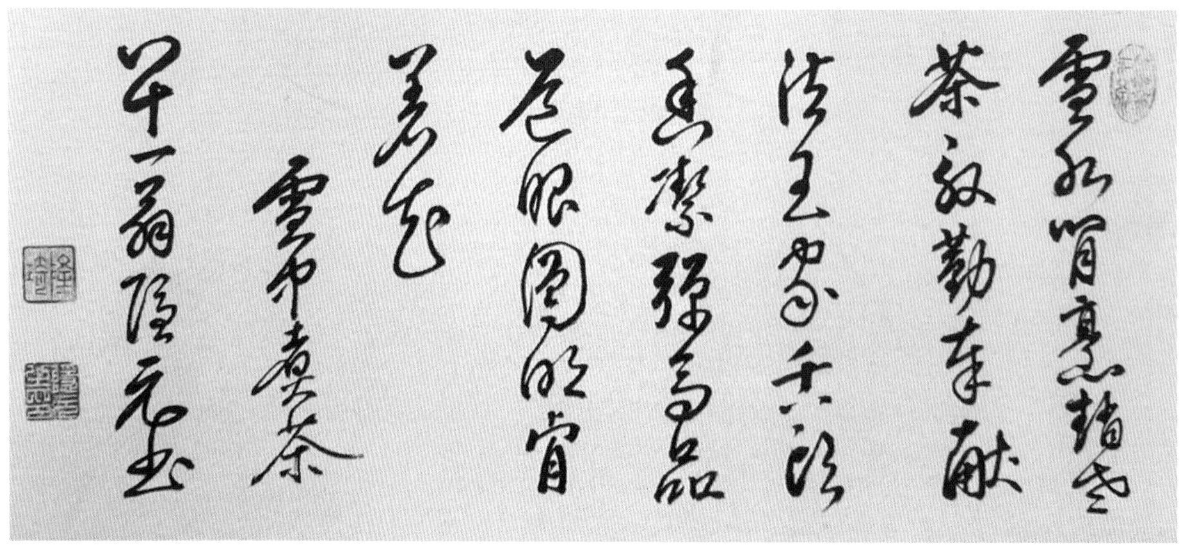

隐元禅师书茶诗

日本寺院茶寮

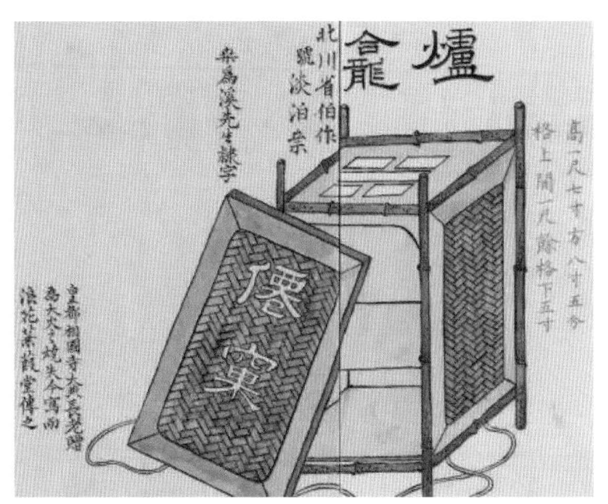

茶书书影

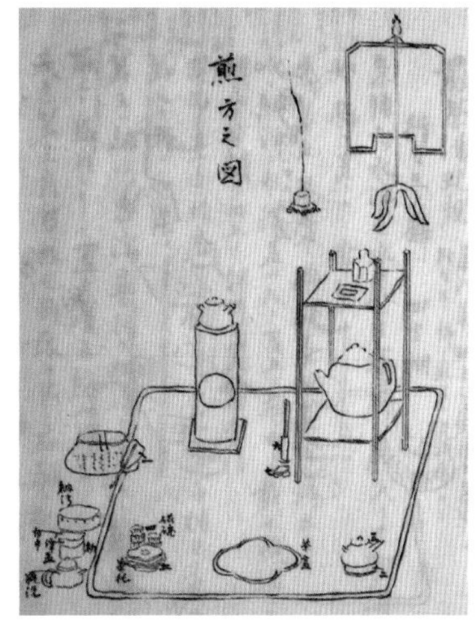

煎茶图解

上图：卖茶翁画像。

这是煎茶席的屏风，为福建黄檗山万福寺所藏。

京都万福寺第四代住持独湛性莹的法孙月海元昭，是万福寺煮茶僧，京都信众送他雅号“卖茶翁”，直到三百多年后的今天，日本人仍把他尊为煎茶道中兴之祖。

右图：黄檗煎茶道茶挂。

题诗为：小园三日雨兼风，桃李飘零满地香。唯有山茶偏耐久，隔墙犹放几枝红。

福清东张窑盏残器

福清是唐宋时期东南沿海重要瓷器产地，福清窑泛指福清市辖区内的古窑址，因大部分窑址位于东张镇，故也称“东张窑”，烧造年代约为北宋中期至元代中晚期，其中以南宋最盛。

据翦伯赞主编的《中国史纲要》记载，东张窑所产瓷器与建窑齐名，为福建东南沿海最大的一处黑釉瓷烧造窑厂，也是宋元时期福建沿海地区最大外销窑口。日本文献《禅林小歌》中有日本从中国购买黑釉盏“幅州盏”的相关记载：“胡兹盘以建盏居多，有油滴、曜变、建鳖、胡盏、汤盏、幅州盏、天目”。据考证，所载“幅州盏”即“福州盏”，多出自福清东张窑。

东张盏

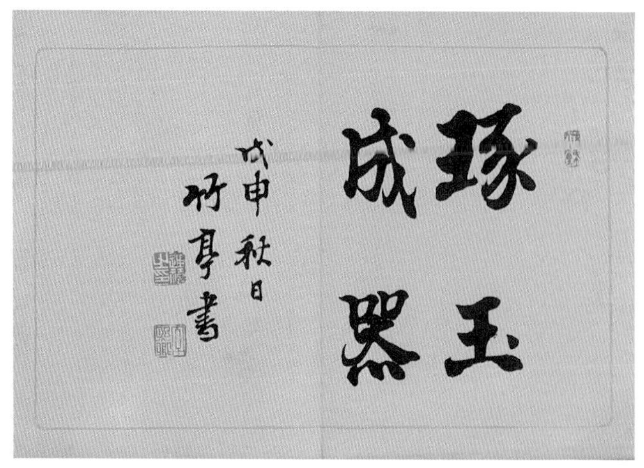

《亦复一乐茶会》插图

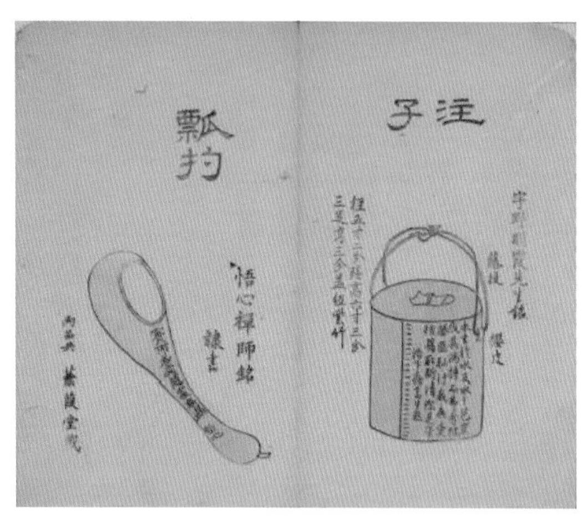

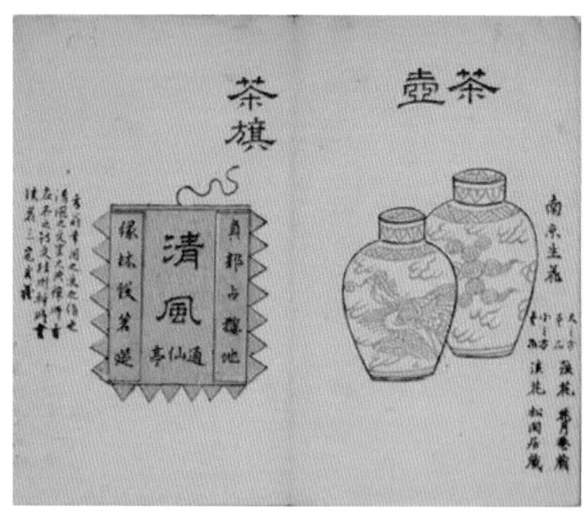

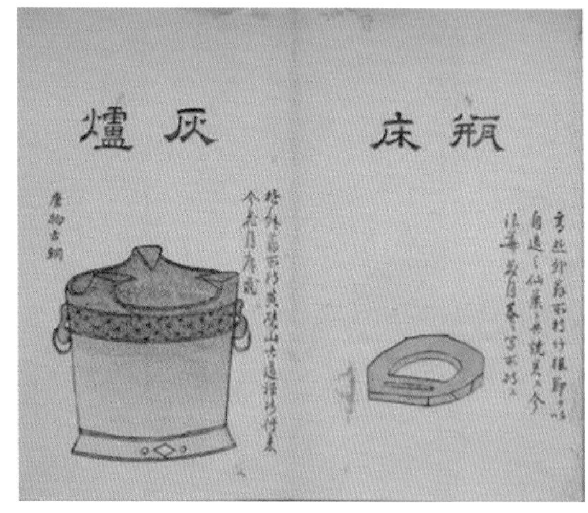

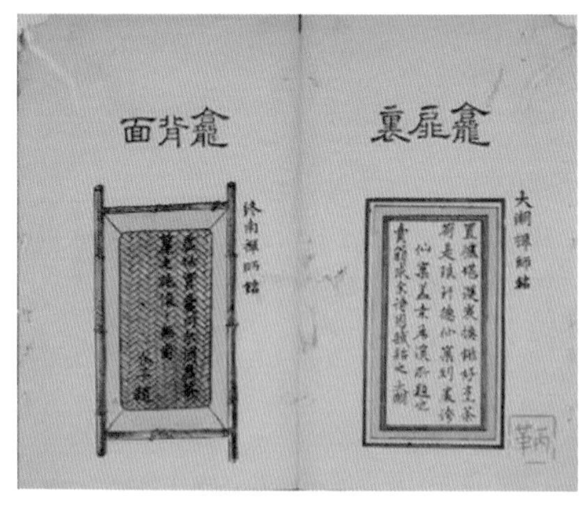

茶具茶器图

煎茶道生火的用具，包括炉（灰承）筥、炭挝和火夹等；煮茶用具有鍑、交床等；烤茶、碾茶和量茶的用具，有夹、纸囊、碾、拂末、罗合和则等；盛水、滤水和取水的用具，有水方、滤水囊、瓢和熟盂等。

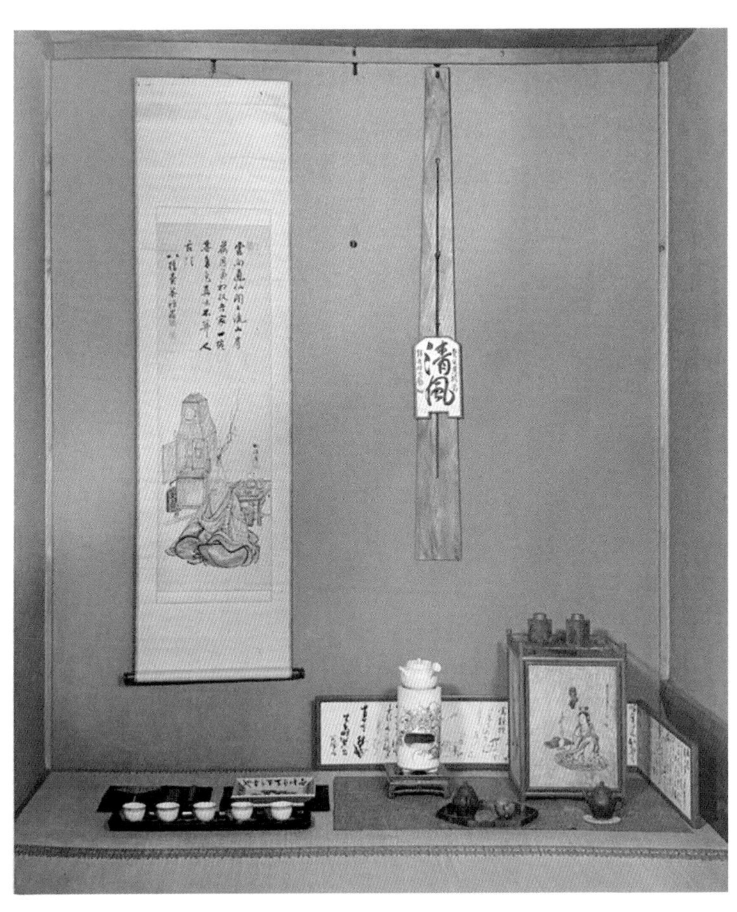

一席煎茶道的茶席

煎茶道所用茶器、挂画、屏风等细部

黄檗花道，也伴随黄檗煎茶道而创立。

佛经中与花相关的典故和词汇比比皆是，如拈花微笑、花开见佛、心净即莲台、一花一世界、一花开五叶、莲华藏世界等。

日本插花艺术的形成与发展与中日文化交流不可分割。日本花道最早来源于中国隋朝的佛堂供花，传到日本后产生了各种流派，并成为修养身心的一个重要载体和形式。

黄檗花道突出五行相和，使日本插花在风格、形式、寓意、情趣、审美观念上都留下了中国文化的痕迹。

插花

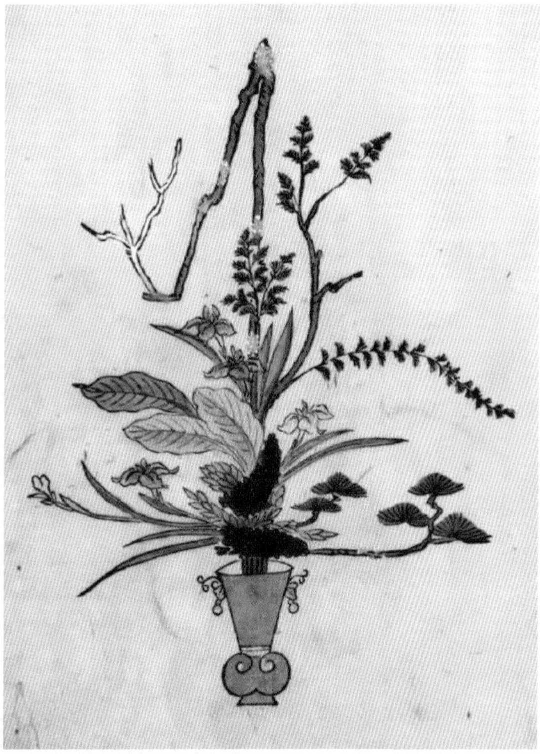

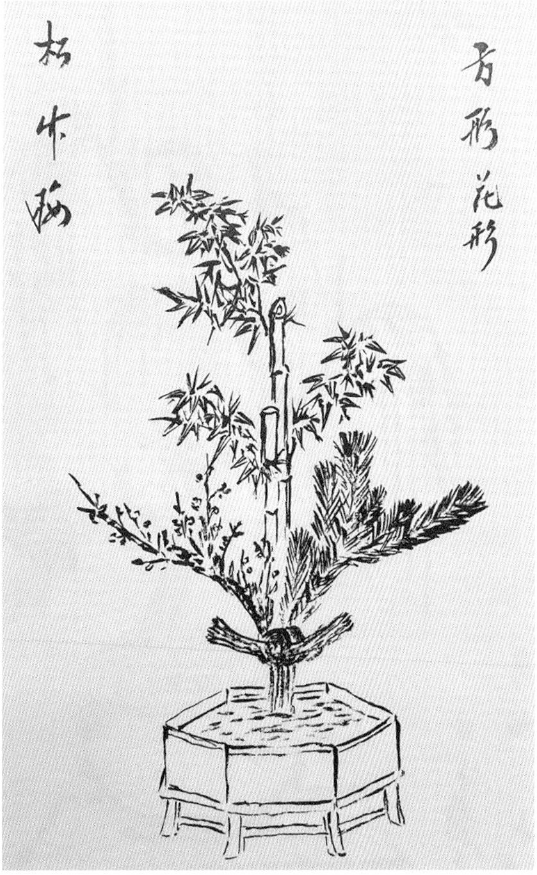

黄檗花道插花图谱

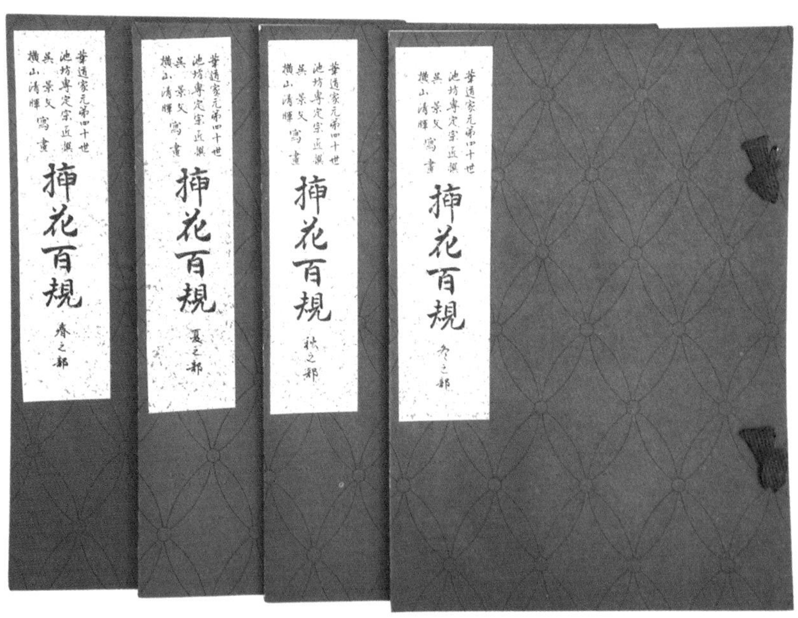

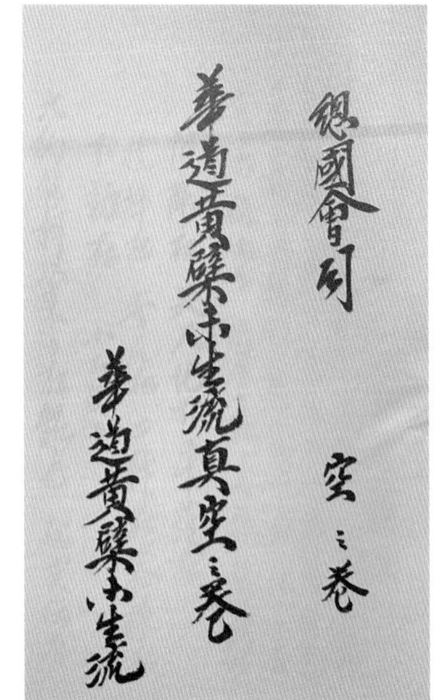

花道书影

插花图谱

在不同的节日、不同的殿阁，都有不同的插花风格。人们通过插花感受自然、生命的变化。

左图为黄檗书院花道讲师虎子作品《山溪点翠》，摆放于福建黄檗山万福寺“吃茶去”茶室。

花材：半边旗蕨、韩信草、野稗子。用花泥和大灰藓加固。

五、出版印刷

日本最古的大藏经《黄檗版大藏经》(又称《铁眼版一切经》)，是隐元禅师的法孙铁眼道光募捐集资雕印的，刻经地点在京都万福寺宝藏禅院，成书于17世纪下半叶(大概1673年)。

铁眼道光师事木庵性瑫，其后致力于大藏经之翻刻，以日本黄檗山万福寺宝藏院为其根据地，并巡游各地，广受布施，历十余年始竟其功，共6956卷，雕版6万余枚。

该大藏经使用嘉兴藏为主要参考，被称为“黄檗藏”或“铁眼藏”，其刊刻字体一如明式，被后世称为“明朝体”，今天日本仍然在使用中。

日本黄檗山宝藏院《黄檗藏》刷印

福清黄檗山万福寺所藏 600 卷《大般若波罗蜜多经》，日本宽文癸丑（1673）黄檗藏刻本，纸本，经折装，共 600 折。

日本黄檗山万福寺宝藏院徽记

铁眼道光禅师因刻经的勋绩，被日本天皇敕封为“宝藏国师”。

铁眼禅师刊刻之《黄檗大藏经》之一种《增壹阿汉经》

1873 年，英国政府向日本明治维新使团岩仓具视索要一部汉文大藏经。1875 年，日本政府将一部《黄檗大藏经》送给了英国。这也是传到欧洲的第一部汉文的大藏经，具有重要的意义。

大英博物馆馆藏中文刻本、写本、绘本目录

皇圖鞏固　帝道遐昌
佛日增輝　法輪常轉

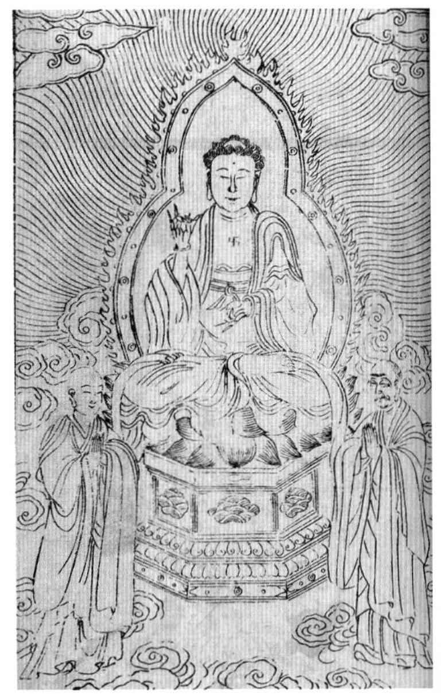

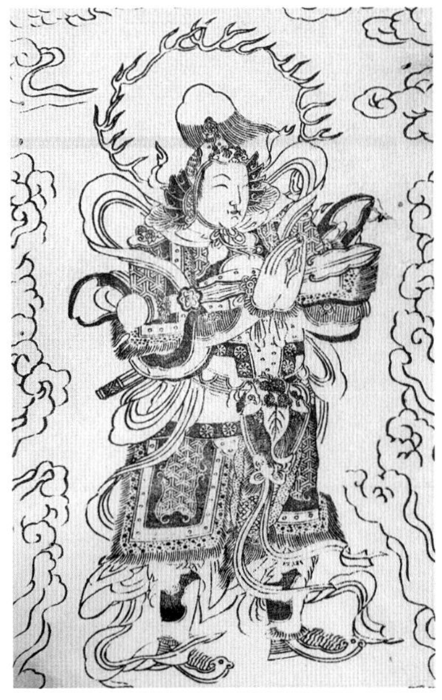

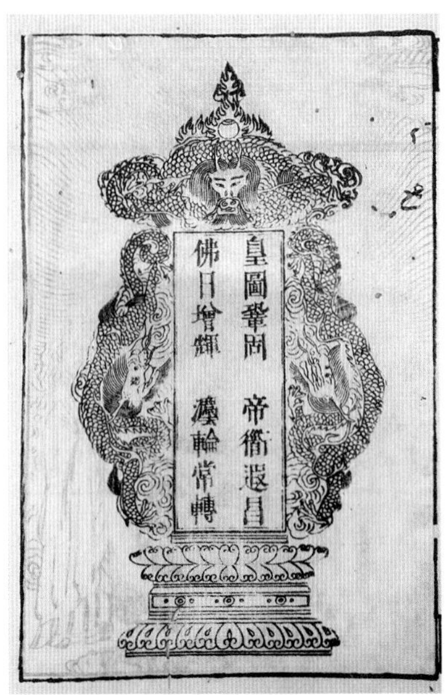

《黄檗大藏经》书影，分别为佛祖说法图、护法韦驮菩萨图、“皇图巩固　帝道遐昌”牌记图。

一切大藏經版庫
一切大藏經
並大般若經等
印行所
京都寺町三條
書林
其中堂

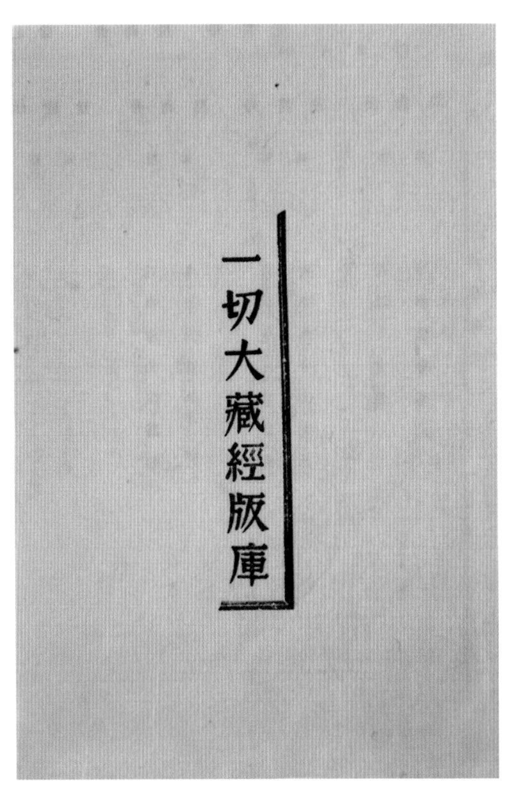

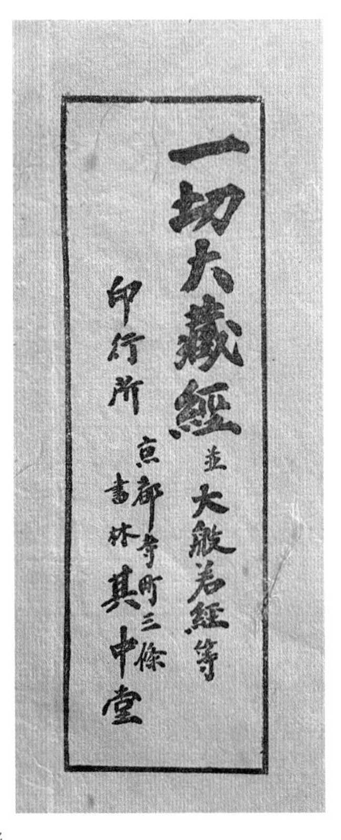

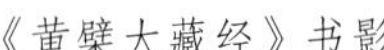

《黄檗大藏经》书影

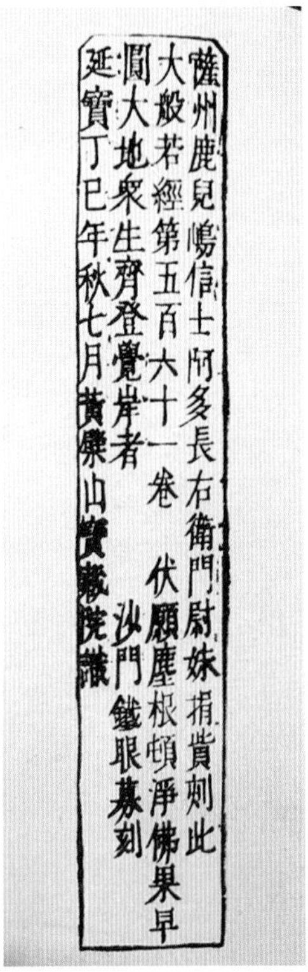

薩州鹿兒嶋信士阿多長右衛門尉妹捐貲刻此
大般若經第五百六十一卷　伏願塵根頓淨佛果早
圓大地衆生齊登覺岸者　沙門鐵眼募刻
延寶丁巳年秋七月黃檗山寶藏院識

黄檗山宝藏院刻经牌记

平成三年三月一日発行

集篆金剛般若経〈限定七〇〇部〉

定価 五一、五〇〇円（本体五〇、〇〇〇円）

原本 黄檗山万福寺所蔵

解説 大槻幹郎

製版印刷 ニューカラー写真印刷株式会社

発行者 垣本剛一

制作発行 **日本佛教普及会**

京都市左京区田中門前町八七

電話（〇七五）七二一・五一五〇

©1976 NIHON BUUKYO FUKYUKAI

日本《集篆金刚般若经》书影

京都黄檗山万福寺所藏此《集篆金刚般若经》，由宋代灵隐禅寺僧人道肯集篆，明代洪度临书。全书以三十二体篆书分录《金刚般若波罗蜜经》经文三十二品，每品一体，分别为：玉筋篆、芝英篆、上方大篆（又名尚方大篆、九叠篆）、小篆、钟鼎篆、垂露篆、柳叶篆、殳篆、悬针篆、龙篆、穗书、鸟迹篆、垂云篆、鸾凤篆、蝌蚪书、龟书、倒薤篆、鸟书、坟书、大篆、麟书、转宿篆、雕虫篆、刻符篆、金错篆、鹄头篆、飞白书、龙爪篆、奇字、缨珞篆、剪刀篆、碧落篆。

六、饮食文化

隐元大师还给日本带去了素食“普茶料理”。“普茶”是向“普天下之人”施“茶”之意，因而，“普茶料理”就是与茶同时上桌的可供普通大众食用的料理。

“普茶料理”使用的食材均为素料，包括笋、蘑菇、海带、山药等，并由专门修行的寺庙师傅烹饪。

如今，在日本，“普茶料理”是“精进料理”的代名词。位于日本京都宇治市、隐元大师当年创建的黄檗山万福寺，至今仍然常年供应普茶道料理。

“普茶料理”在日语中的发音与福清方言的“福清料理”一致，这佐证了“普茶料理”是源于隐元禅师从福建福清传到日本的饮食。这一来自中国的素食习惯，深受日本朝野欢迎。

此外，日本人经常吃的豆角被称为隐元豆，西瓜、芝麻、莲藕、竹笋的种植，相传都是隐元禅师带去的，在日本栽培并逐步普及开来。

鉴真和尚东渡日本，把中国的大豆制作豆腐的技法带到日本。隐元大师把点制豆腐的卤水方法传入日本。隐元禅师的家乡在大豆收成的季节，为了更好地保存大豆以及使大豆能作为更好的佐餐食材，把大豆蒸熟后加上盐发酵一两个月，酿造成豆豉（豆瓣酱），后来也成为日本最初的味噌。

高泉书《五观》

饮食五观：

一、计功多少，量彼来处

每一种农作物都须经过农夫的播种、灌溉、除草，以及收割，然后由商人贩卖，再经厨师洗好米、煮成饭后，才能送到我们面前来。而且那些农夫、商人、厨师在工作上所用的器具和生活上所需的衣物等，又须另一批人供给。“佛观一粒米，大如须弥山”，一饭一菜，来之不易啊！

二、忖己德行，全缺应供

吃饭的时候，应该反省自己的所作所为，甚至起心动念，是否合乎道德的行为？能受得起信施的供养吗？

三、防心离过，贪等为宗

所谓离过，就是离三种过失。吃饭时，不应该起贪嗔痴的心念，进而要生起慈悲、喜舍、智慧的心来。

四、正事良药，为疗形枯

人生在世，饥渴难免。为了借假修真，吃饭吃菜等于吃药一样，对于饭菜的好坏、净秽、多少等，不可以起分别心。

五、为成道业，应受此食

为了现前能精进修行，以期未来成就佛道，弘法利生，所以才接受饮食。

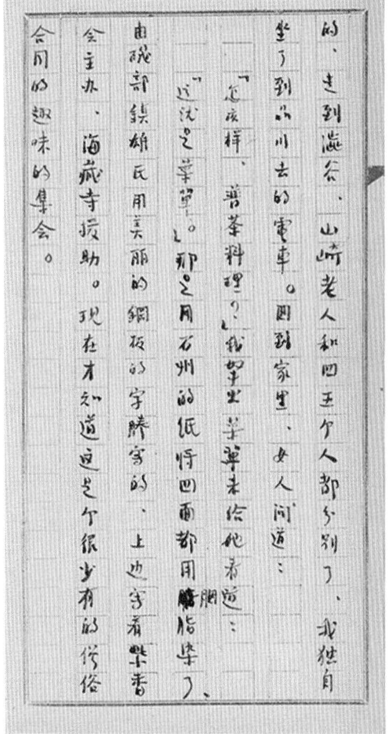

的、走到澁谷、山崎老人和四五个人都分别了、我独自坐了到品川去的電車。回到家里、女人问道：

「怎麼样、普茶料理？」我把出菜单来给他看道：

「这就是菜单。」那是用石州的纸将四面都用臙脂染了、由服部鉄雄氏用美丽的铜版的字體写的、上边写着紫香会主办、海藏寺援助。现在才知道这是个很少有的僧俗合同的趣味的集会。

附録在川柳家的记里、所講黄檗宗的素菜与中國有些关係、所以抄譯出来了。

周作人的译文《普茶料理》手迹

周作人在“译者按”中讲：“普茶料理，这里可以译作‘素菜筵席’，是日本黄檗宗禅寺里所有的一种素斋。乃是直接从明朝传过去的，与中国现代还有许多相同的地方。黄檗宗乃临济宗的一派，隐元法师俗名林隆崎，在福州黄檗山万福寺出家得度，明末避难到日本去。在京都宇治地方开山建立了黄檗山万福寺，得赐号为‘大光普照国师’，一六七三年卒，年八十二。《黄檗清规》卷四‘住持’章里说：‘当晚小参，常住设普茶，言普及一众也。’普茶只是普遍给茶的意思，后来引申于食物方面，作为设饮的意义了。”

普茶料理

春

冬

夏

秋

黄檗普茶料理春、夏、秋、冬四季菜品

“普茶”简单的说法就是“大家一起喝茶”，据说这个词是源自于有客来访时不论其目的或是身份皆一视同仁接待的想法。

黄檗普茶料理很有特色，座位没有上下的区隔，采用多人围桌用餐的方式。此外也不使用肉或蛋，是素食者之美食。

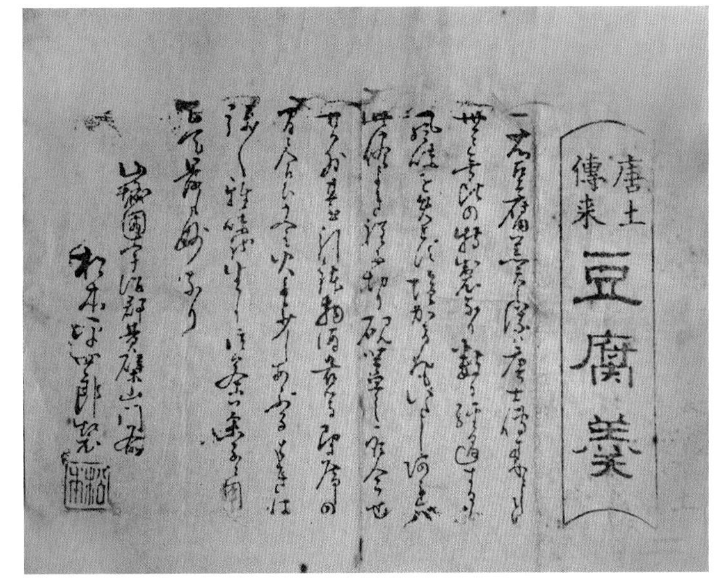

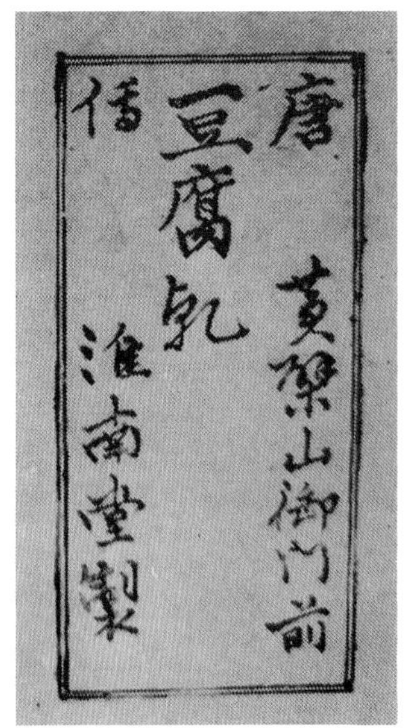

隐元大师把压制豆腐的点卤水方法传入日本。豆腐因含有丰富的蛋白质可以代替肉类的营养成分而大受欢迎。以豆制品为主制作的“普茶料理”，风行日本。

右图为日本过去销售的豆腐乳、豆腐干、豆腐羹的商标和广告，多注明出自黄檗。

隐元豆

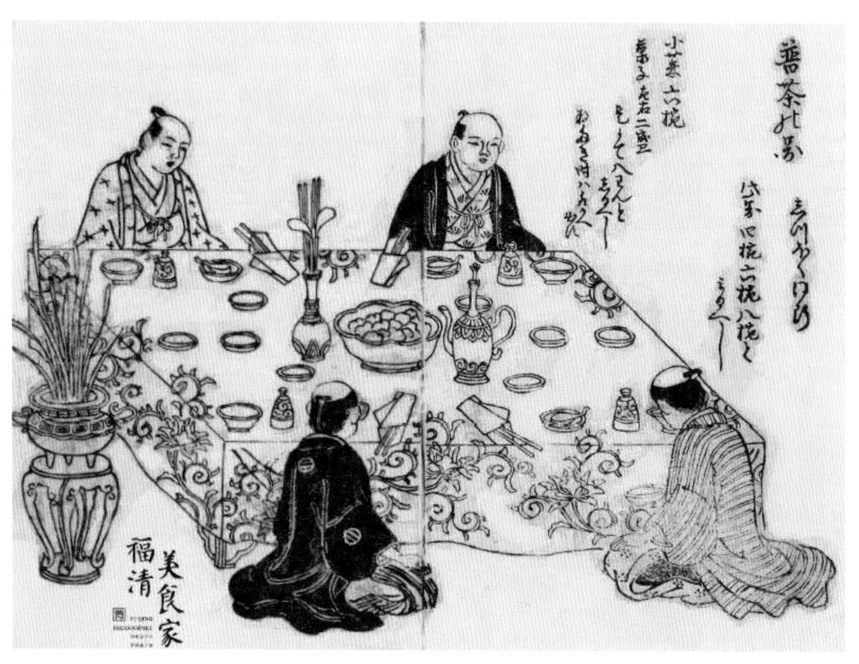

普茶料理相关书影

七、雕塑篆刻

隐元禅师东渡后，多方求助于国内佛教界的老朋友，购得一批“西域檀木”运到日本。仅用四年时间，东渡的泉州人范道生便为日本万福寺雕出一批传世精品，为日本木雕艺术的发展，留下了极为珍贵的国宝。

范道生雕刻的弥勒菩萨化身布袋和尚，至今端坐在京都黄檗山万福寺天王殿，是日本全国最受信众和游人喜爱的“财神”。陈列于大雄宝殿的十八罗汉木雕像，一直是日本黄檗宗信众参拜的偶像。

篆刻，是书法、章法、刀法三者完美的结合，一方印中，即有豪壮飘逸的书法笔意，又有优美悦目的绘画构图，并且更兼得刀法生动的雕刻神韵，可称得上“方寸之间，气象万千”。黄檗禅师独立性易被公认为“日本篆刻之父”。陈列在长崎县历史博物馆内的黄檗文化展示图片，也包括了不少篆刻艺术作品。

万福禅寺

黄檗山

佛法僧宝

范道生雕护法韦驮像

范道生（1635—1670），晋江安海人。父范爵，以绘画、雕塑为生，在闽南一带颇负盛名。隐元禅师东渡日本弘扬黄檗禅风后，对日本原有的佛像雕塑感到不满意，经长崎福济寺住持蕴谦的介绍，邀请范道生赴日本雕造佛像。范道生携带其父所绘《十八罗汉图卷》到长崎，先为长崎“唐三寺”中的福济寺和兴福寺雕造佛像，以造型庄重、技艺精湛，受到佛学界的好评。

后来，范道生为万福寺造像，雕造了十八罗汉、弥勒、达摩、观音、伽蓝、韦驮、祖师、关帝等佛像。范道生所造佛像具有中国风格，隐元禅师称赞他：“真不愧为名家后裔。”这些佛像，至今仍完好地珍存在京都万福寺中，供人膜拜。

范道生雕华光菩萨像

日本黄檗山开山堂隐元禅师雕像

范道生雕布袋和尚像

范道生雕罗怙罗尊者

范道生所造佛像风格古朴，各具神采，生动、逼真，其高超的雕佛技艺，震动日本佛学界，对日本雕塑艺术深有影响。万福寺还珍藏着范道生初登黄檗山时题写的律诗："遥瞻紫气入山来，选佛名场喜乍开。龙象遍围狮子座，雨花争坠法王台。万松鼓翠喧天籁，千嶂排空起浪堆。露出重重真境界，不思议处孰能猜。"

《习轩印存》书影

《习轩印存》1 函 2 册，民国时期出版，系日本古白茶寮主煎茶道高手坂田习轩的印谱，有黄檗直翁的题记。

越子

醉墨

游戏三昧

琴书自娱

白云深处

人淡如菊

披书坐落花

西湖一人

东皋心越刻章之印蜕

隐元禅师常用书画印及其画作题记

科学技术的黄檗

一、医疗医药

独立性易禅师精通医药，特别在痘症治疗上，有自己独到的经验，还把当时中国的种痘技术带到了日本。有《痘疹治术》《痘疮奇闻》等著作。

了翁道觉是黄檗著名医僧，曾发明“锦袋圆”药方，很快积累了一批善款，便四处捐赠藏经给各地寺院，同时修建“劝学寮”，允许百姓自由阅览，成为日本最早的公共图书馆，在当时社会影响极大。

隐元俗家弟子陈元赟，对医药、针灸、气功、食疗都颇有研究，在日本广泛行医，传播丹溪学说，颇受日本人士欢迎和钦佩。

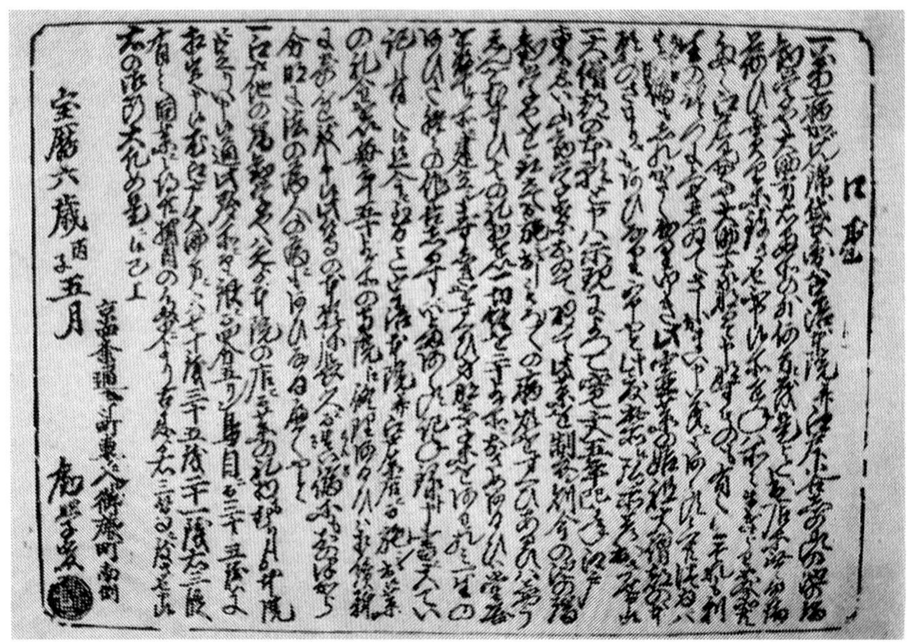

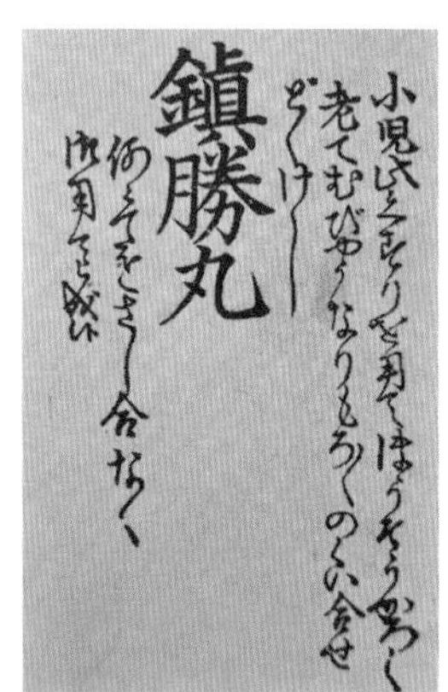

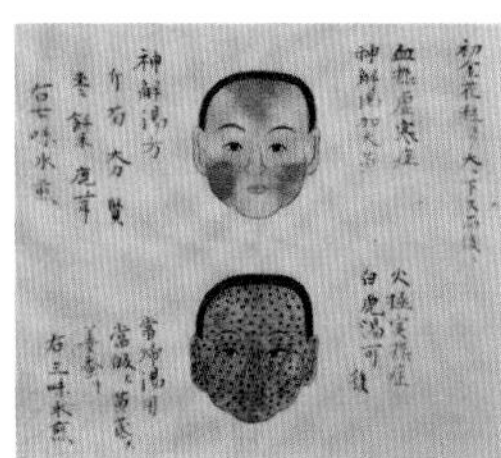

黄檗医僧所发明药品锦袋圆等的介绍

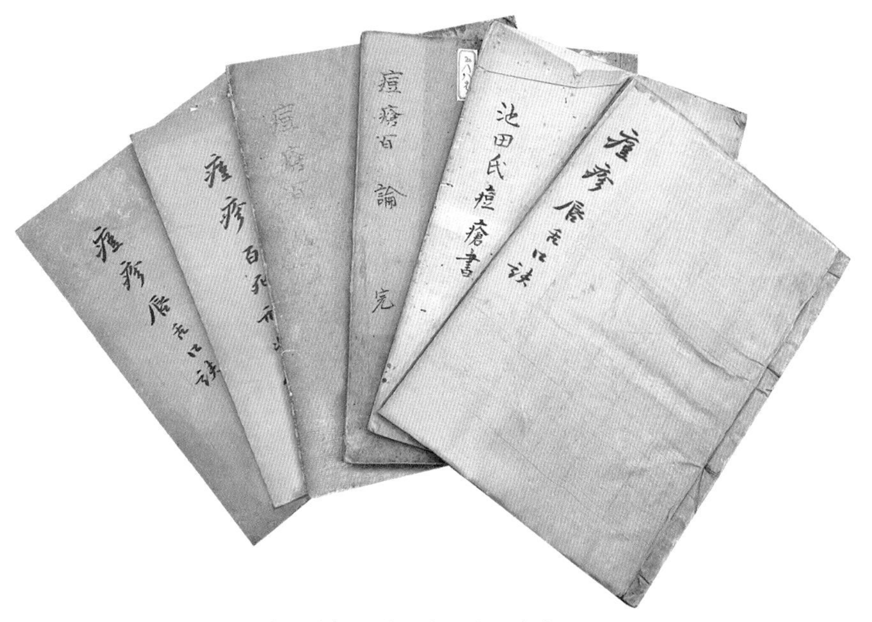

独立性易禅师及其门徒治痘医书书影（一）

独立性易、化林性偀等明末著名的汉医学医药家，最后皈依隐元禅师。当时，长崎一带痘疮流行，成为祸害，民间有“痘疮最惨毒，十儿九夭殇”的说法，是日本人民最为苦恼的病症。独立性易乃将痘科医术传授给门徒池田正直、高玄岱、北山友松等，为日本病人治疗，后来他们都成为一代名医。池田正直的孙子池田瑞仙也继承祖业，成为治痘疮的医术权威，并被幕府任命为主治痘科病症的医官，使痘科大行于日本。

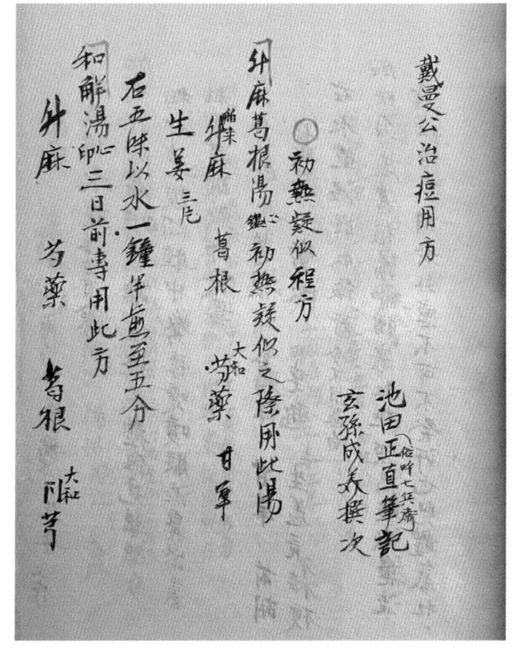
戴曼公治痘用方
池田正直筆記
玄孫成美撰次
①初熱疑似程方
升麻葛根湯 初熱疑似之際用此湯
升麻 葛根 芍薬 甘草
生姜 三片
右五味以水一鍾半煎至五分
和解湯 三日前専用此方
升麻 芍薬 葛根 川芎

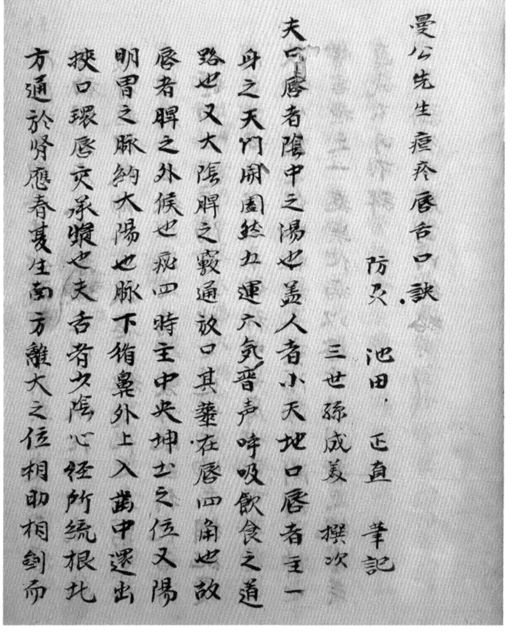
曼公先生痘疹唇舌口訣
池田正直筆記
三世孫成義撰次
夫口唇者陰中之陽也蓋人者小天地口唇者主一
身之天門開闔於五運六気晋声呼吸飲食之道
路也又大陰脾之竅通於口其華在唇四白也故
唇者脾之外候也飛四時主中央坤土之位又陽
明胃之脈納大陽也脈下循鼻外上入歯中還出
挟口環唇交承漿也夫舌者心之苗心経所統根北
方通於腎應春夏生南方離火之位相助相剋而

独立性易禅师及其门徒治痘医书书影（二）

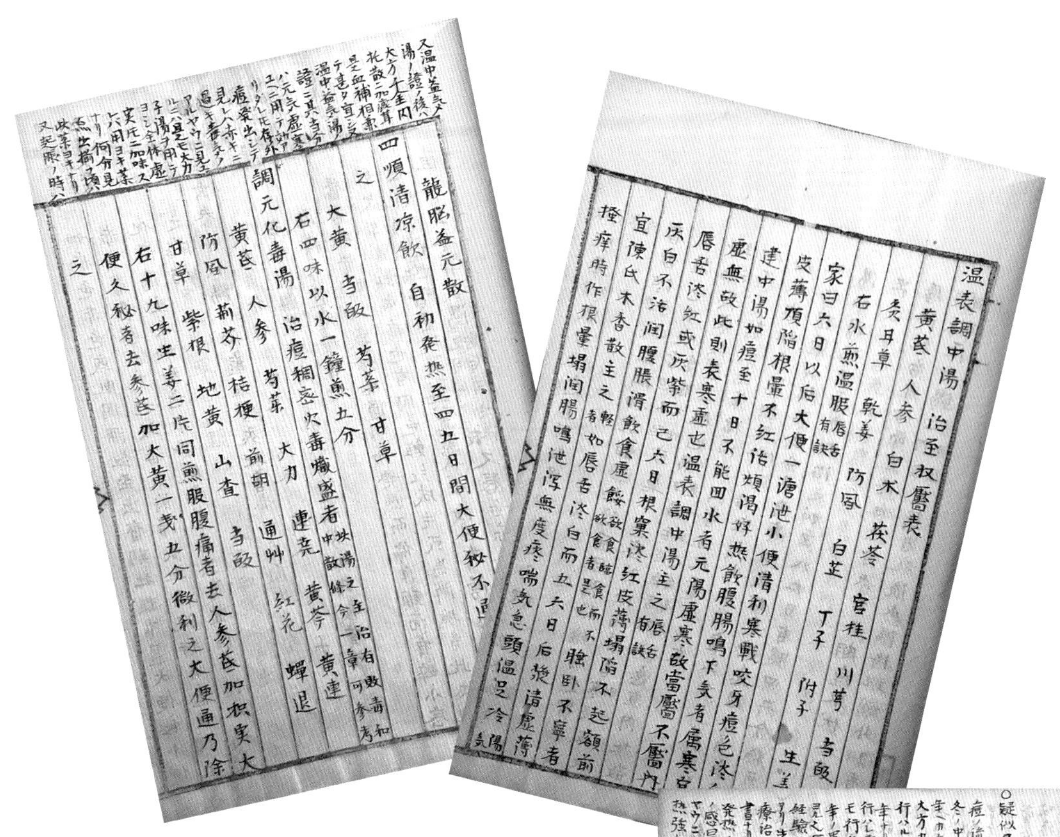

龍腦益元散 自初發熱至四五日間大便秘不通

四順清涼飲

大黃 当歸 芍藥 甘草

右四味以水一鐘煎五分

調元化毒湯 治痘稠密火毒熾盛者

黃芪 人參 芍藥 大力 連翹 黃芩 黃連

防風 荊芥 桔梗 前胡 通草 紅花 蟬退

甘草 紫根 地黃 山查 当歸

右十九味生姜二片同煎服腹痛者去人參芪加枳實大便久秘者去參芪加大黃一錢五分微利之大便通乃除之

溫表調中湯 治至收靨表

黃芪 人參 白朮 茯苓 官桂 川芎 当歸

炙甘草 乾姜 防風 白芷 丁子 附子 生姜

右水煎溫服

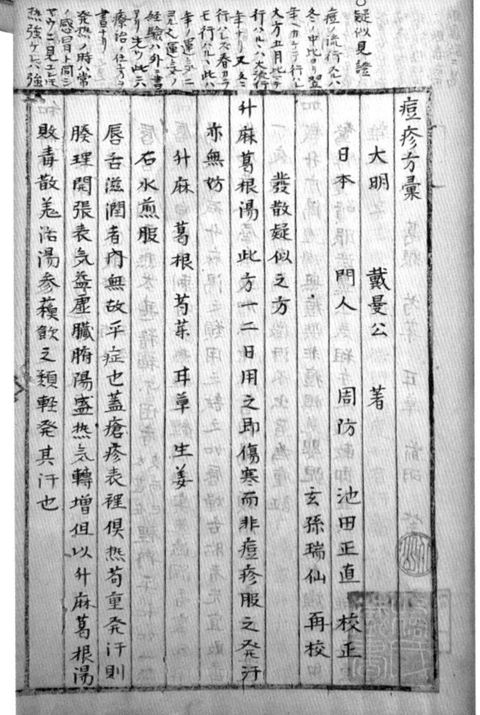

痘疹方彙

大明 戴曼公 著

日本 門人 周防 池田正直 校正

玄孫瑞仙 再校

一 發散疑似之方

升麻葛根湯 此方一二日用之即傷寒而非痘疹服之發汗

升麻 葛根 芍藥 甘草 生姜

赤無妨

右水煎服

唇舌滋潤者爲無故平症也蓋瘡疹表裡俱熱苟重發汗則腠理開張表氣益虛臟腑湯盡熱氣轉增但以升麻葛根湯敗毒散羗活湯參蘇飲之類輕發其汗也

据日人援引《扶桑游记》称:“日本种痘之法，相传出自独立性易。今墓尚在黄檗山，京师医流每逢祭日设祭，可谓不忘本者矣”。当时，西洋尚未发明牛痘种苗法，因此独立性易传播痘科医术，对解除日本人民痘疮之疾带来的痛苦贡献至大，他和福清三山出生的黄檗僧化林性偀都被日本医界视为恩人。

独立性易禅师及其门徒治痘医书书影（三）

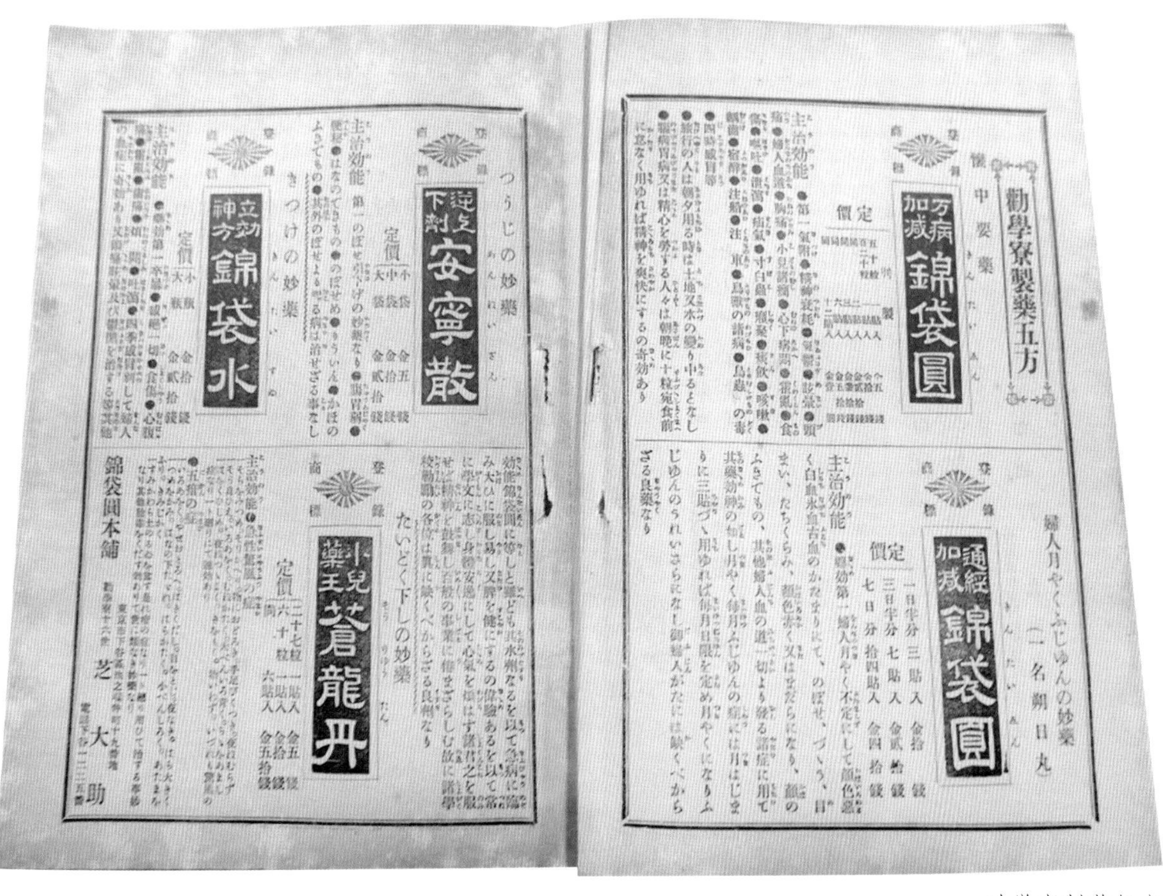

劝学寮制药伍方

上图是黄檗禅僧了翁道觉发明的相关药品说明。摘译“万病加减锦袋圆”之说明如下：

怀中要药。注册商标：万病加减锦袋圆。定价（特别制作）：伍十粒加一贴伍钱，百二十粒加一贴拾钱，同上加二贴贰拾钱，同上加三贴叁拾钱，同上加六贴伍拾钱，同上加十二贴壹圆。

主治效能：·第一提神·精神衰耗·气郁·眩晕·头痛·妇科病·胸痛·小儿诸痫·心下痞闷·霍乱·食伤·呕吐·泄泻·疝气·寸白虫·积聚（腹内结块、或痛或胀的病症）·痰饮（指因脏腑功能失调使体内津液停聚而产生的病理性产物）·咳嗽·龋齿·晕船·晕车·鸟兽诸病·鸟虫兽之毒·四时感冒等·外出旅行之人早晚服用时，不用考虑水土·脑病、胃病或累心劳神之人早晚各十粒。饭前服用，可神清气爽，有奇效。

二、建筑营造

东渡的黄檗僧团和明代遗民，在日本传播了明代时期的建筑。日本万福寺整座寺庙深受明朝末年的文化影响，形成了被称为“黄檗式”的中式建筑风格。

龙是佛教护法八部众之一的龙神。因此日本很多黄檗宗各派本山的法堂天井，都描绘有天龙。日本妙心寺法堂天井的云龙，直径12米，龙眼位于圆相正中，无论站在什么位置，根据所视角度不同，龙的表情和动作会出现变化，通称“怒目八方之龙”。

黄檗山万福寺栏杆上“卍”（万字）的图案，在日本非常罕见，这也是中式风格。回廊上的天花板，建筑方式也和一般的日本建筑不同。椽木像蛇腹一般排列成拱形，被称为“黄檗天井”（天花板），表示龙腹。

日本禅寺大殿屋顶“龙之图”

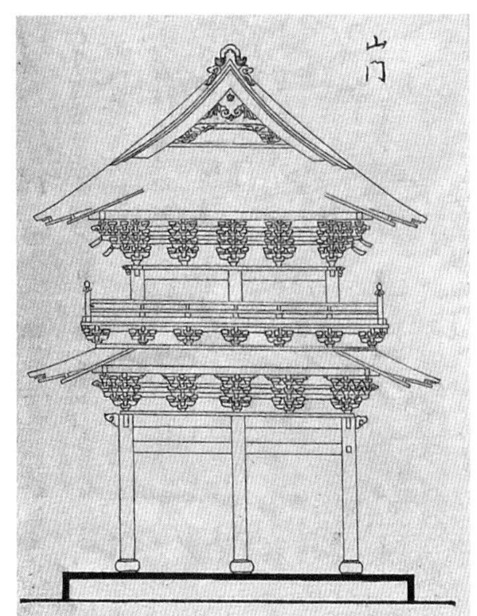

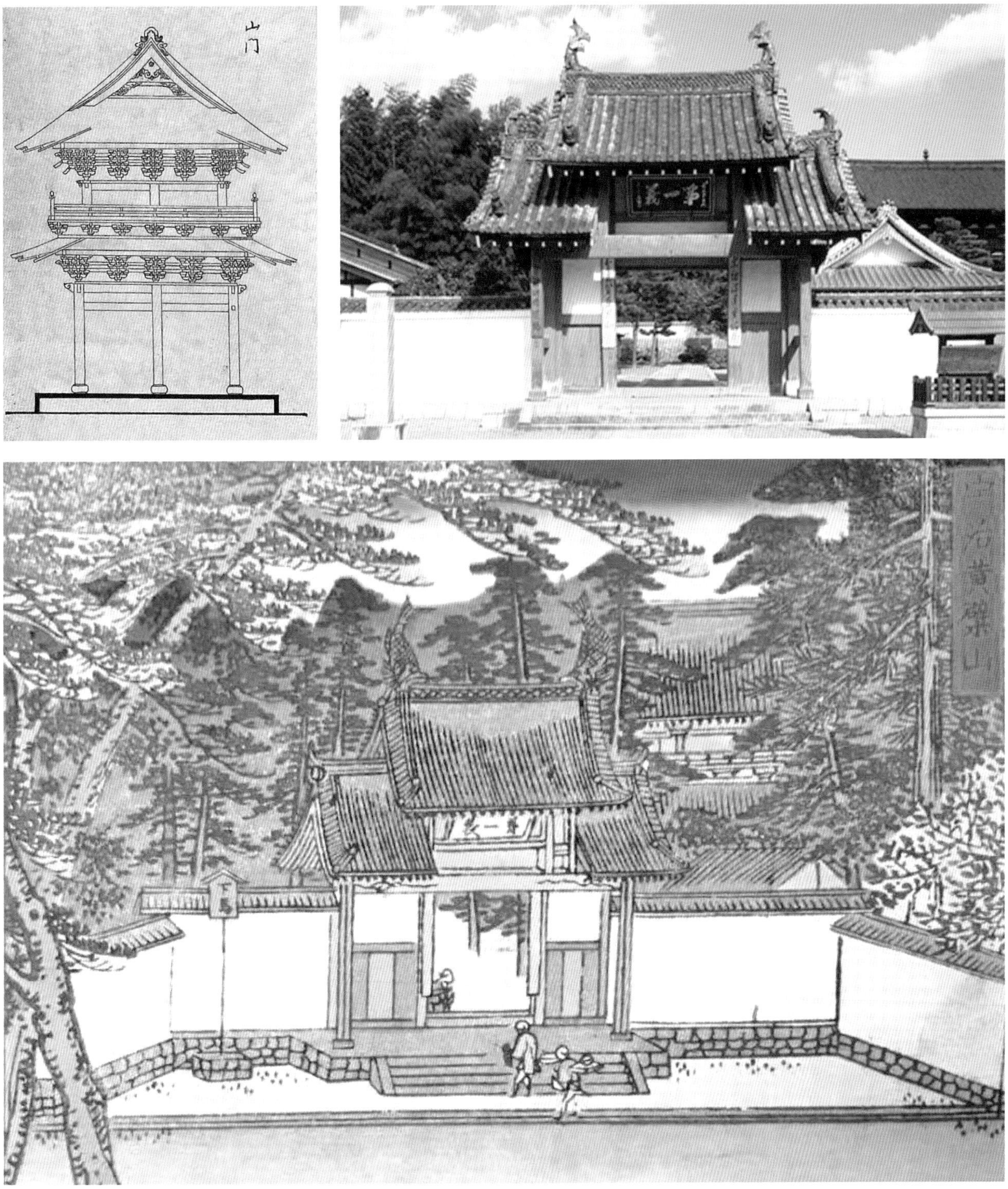

日本京都黄檗山山门建筑营造图、彩绘图及实景照片

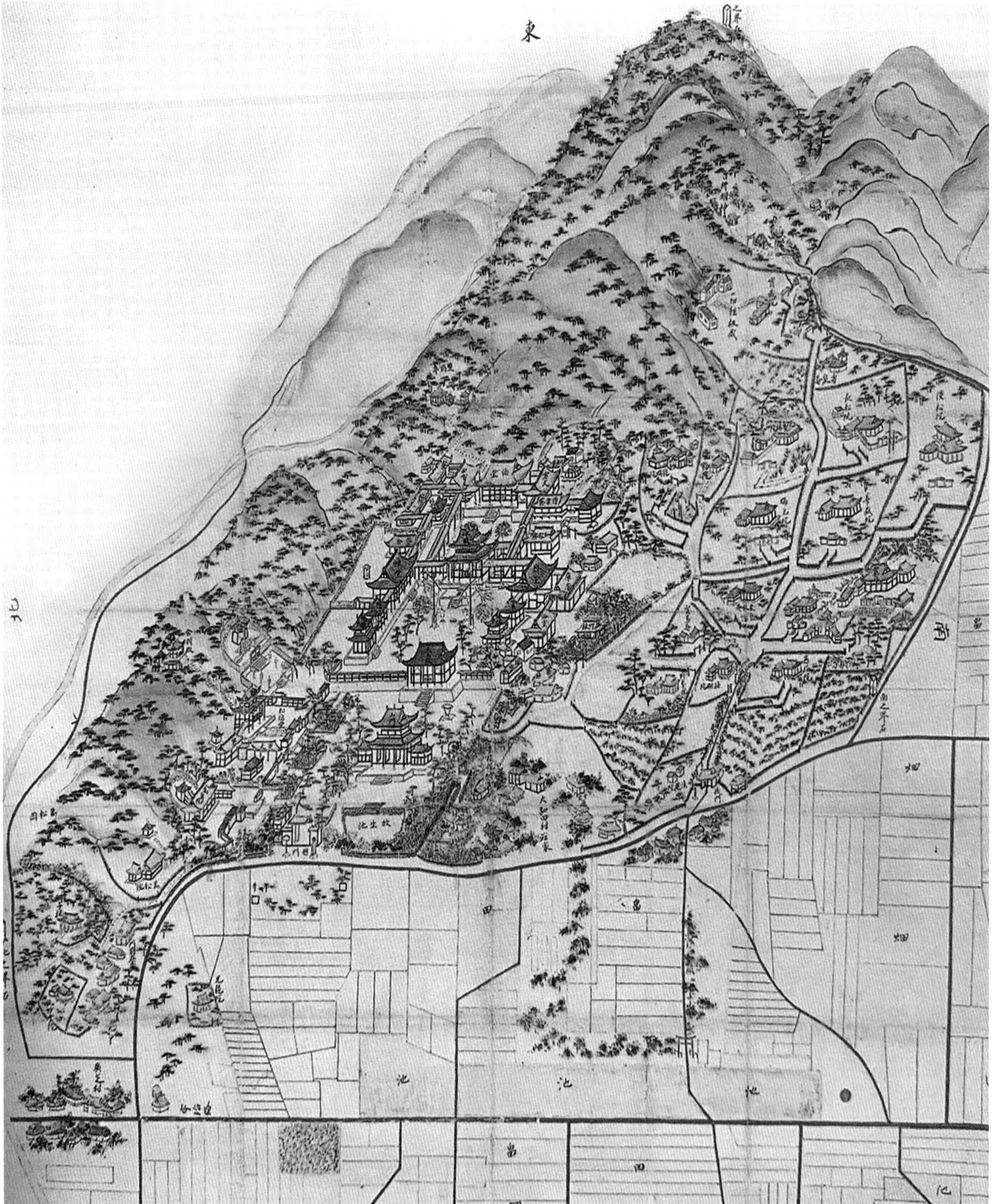

日本黄檗山万福寺实体建筑走势布局图

黄檗天井实景图

日本黄檗山万福寺老照片

日本黄檗山万福寺内山门

三、造桥造田

眼镜桥，位于长崎市中岛川上，1634 年由黄檗宗寺院长崎兴福寺第二代住持默子如定设计并营造，是一座石制的双孔拱桥，其建筑也标志着日本桥梁建筑史上拱式构造技术的开始。1960 年眼镜桥被列为日本国家重要文化财产，是日本三大名桥之一。桥头旁有默子如定和尚的雕像。

锦带桥是一座横跨锦川的五拱桥，亦被列为日本三大名桥之一。采用传统的木工工艺，全桥只用包铁和插销固定，充分应用精巧的木工技术和桥梁结构。这座五孔木拱桥是由当时的藩主吉川广嘉仿中国杭州西湖苏堤上的虹桥造型修筑而成的。营造法式借鉴了独立性易提供的《西湖游览图志》上刊刻的杭州锦带桥资料。

围海造陆是人类利用海洋空间最古老的方式，可有效缓解经济发展与建设用地不足的矛盾。隐元禅师的弟子，还给日本带去了围海造田技术。

日本邮票和磁卡上的锦带桥

眼镜桥绘图

眼镜桥

眼镜桥头的默子如定雕像

被誉为日本最古最有名的石拱桥——眼镜桥

日本锦带桥（二）

日本锦带桥（一）

日本锦带桥（三）

日本锦带桥（四）

隐元禅师的弟子，还给日本带去了围海造田技术。

四、农业种植

有资料表明，日本的芝麻、西瓜、竹笋、莲藕，都是隐元禅师带到日本，再种植培养，而逐渐成为日本广泛食用的农作物。

隐元从福清带去许多菜种，最有名的是用他的名字命名的“隐元豆”。“隐元豆”也叫唐豆、四季豆、三度豆，由于日本的气候温和湿润，很适宜“隐元豆”的生长，特别是像关西那种湿热的地方一年可种三茬，产量又高。直到今天，“隐元豆”还是日本的主要蔬菜；日本人还把隐元禅师圆寂的4月3日命名为“隐元豆日”。另外，用隐元名字命名的食物还有“隐元豆腐”“隐元菜”。其他相传由隐元传入的农作物有“黄檗莲”（即莲藕）、西瓜、孟宗竹等。

日本与黄檗相关的农产品

佛学东传的黄檗

一、梵呗唱诵

隐元禅师东渡传法，创建日本新黄檗山万福寺，以及嗣法弟子们一次又一次、一代又一代的东渡传法所形成的黄檗宗，是明清佛教多元融合的缩影，有着浓郁的明清福建风格。寺院规制和信仰生活都是明清时期福建佛教丛林生活的传统，殿堂风格、陈设、法器等都是福建丛林的规制，日常行香坐禅、上殿诵经仪式、焰口法会、节日祭祖等也无一不是明清福建佛教的再现。

其中，黄檗佛乐——即京都黄檗山万福寺法会和日常诵经等，依然用闽音来唱诵。日本黄檗宗僧俗至今遵循闽音来念诵一切经文，以此来对黄檗宗祖隐元禅师和历代祖师传法进行“永恒的追忆”。

正因为在京都黄檗山内，所见所闻无不是中国福建的元素，以至于日本诗人们说：进到京都黄檗山内见到的是中国，出了黄檗山才回到了京都。

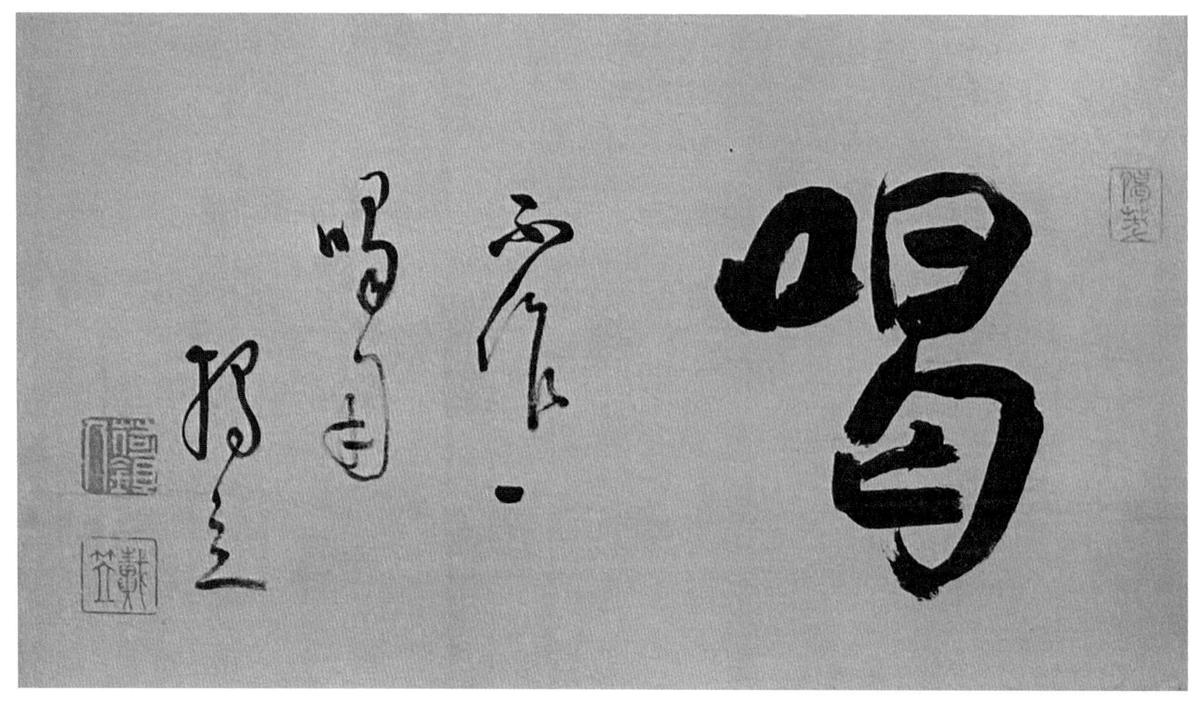

独立性易禅师书“喝”

梵呗唱诵

木鱼

鱼梆

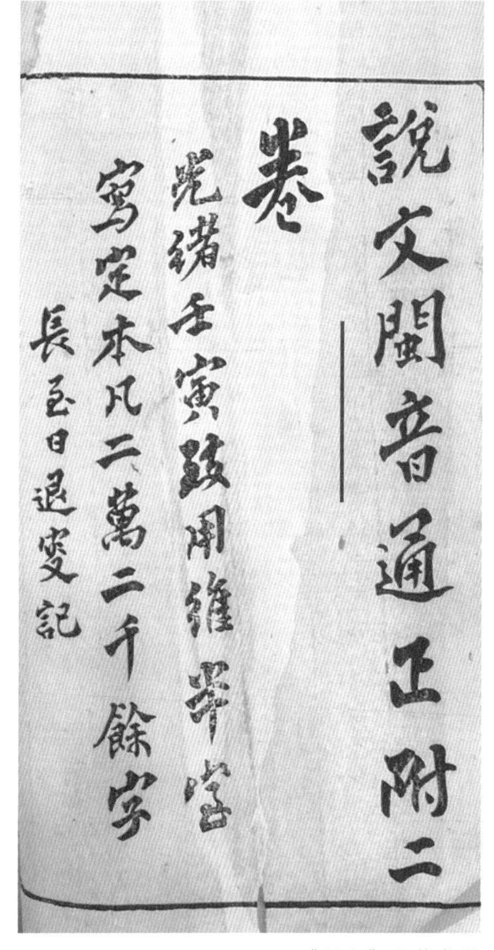
說文閩音通正附二卷

光緒壬寅跋用維畢當

寫定本凡二萬二千餘字

長至日退叟記

《闽音》古籍书影

日本黄檗宗法会

法器

东　渡

（小提琴与钢琴）

♩=82

陈宜通作曲

黄檗书院组织创作的交响乐《东渡》

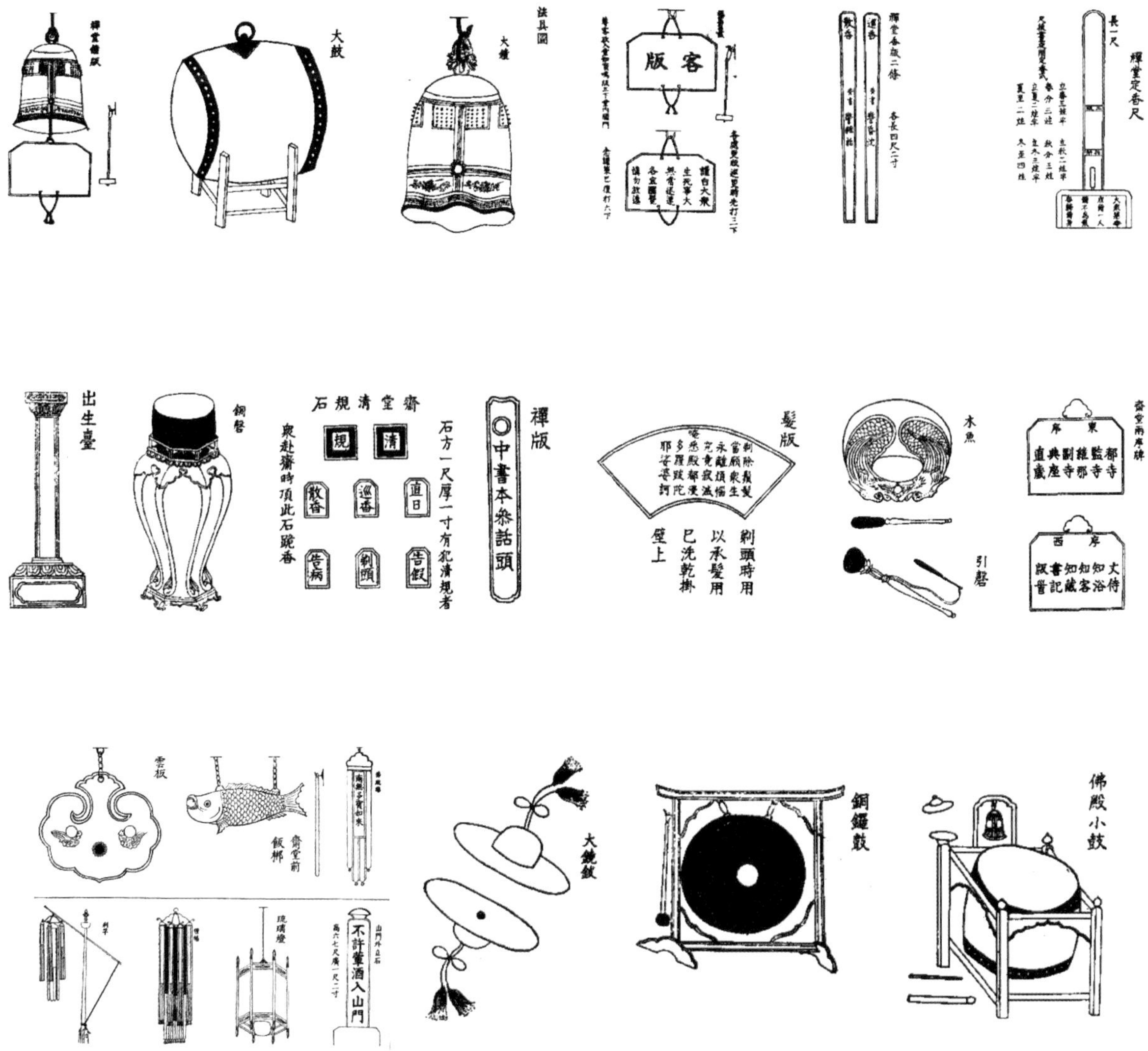

黄檗宗寺院部分法器图示

二、佛学经典

隐元禅师东渡带去各类佛教经典，如《传心法要》《五灯严统》《隐元禅师语录》等，特别是明代的《嘉兴藏》，这是由晚明紫柏大师和其弟子道开禅师等人自编刻板的方册本大藏经，大量收录先前大藏经未曾收录的各种经典以及宋明时期的禅门各宗派语录著作，此藏最大程度上反应宋明以来佛教三藏经论原貌和禅宗各家传承谱系。

木庵禅师的日籍弟子铁眼道光根据《嘉兴藏》，以黄檗山宝藏院为根据地，游遍诸国募刻，前后历经十余年始竟其功，全藏共6956卷，雕版6万余枚，共2105册，被称为《黄檗藏》或《铁眼藏》。

《黄檗藏》成为日本江户社会了解和学习中国佛教文化、思想、历史的最佳途径，并于1873年传到了欧洲。铁眼禅师后被天皇敕封为“宝藏国师”，其事迹被写进日本教科书。

《永乐北藏》扉画

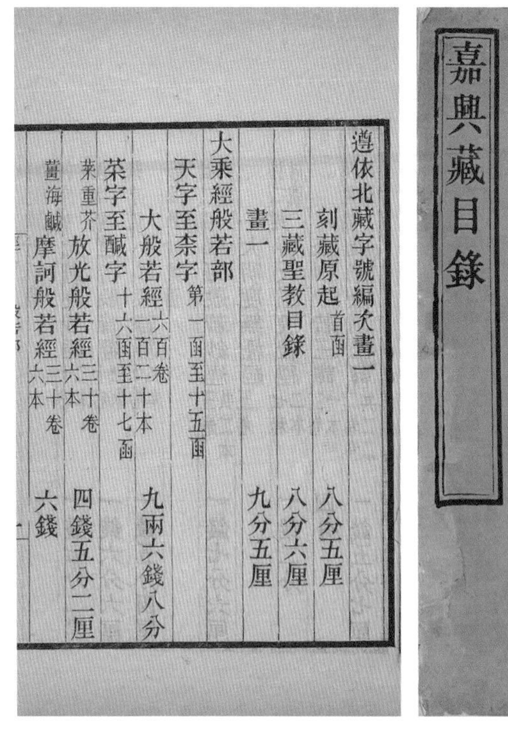

嘉興藏目錄

遵依北藏字號編次畫一
刻藏原起 首函 八分五厘
三藏聖教目錄 八分六厘
畫一 九分五厘
大乘經般若部
天字至柰字 第一函至十五函
大般若經 六百卷 一百二十本 九兩六錢八分
菜字至鹹字 十六函至十七函
菜重芥 放光般若經 三十卷 六本 四錢五分二厘
薑海鹹 摩訶般若經 三十卷 六本 六錢

《嘉兴藏》目录

隐元禅师东渡带去的大藏经《嘉兴藏》（又名《径山藏》）

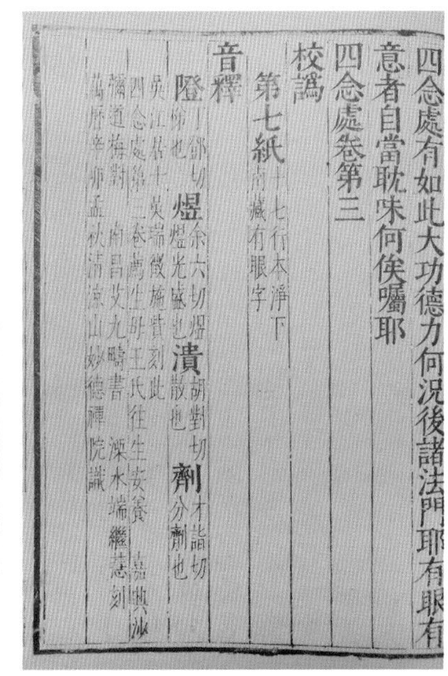

四念處有如此大功德力何況後諸法門耶有眼有
意者自當耽味何俟囑耶
四念處卷第三
校譌
第七紙 十七行本淨下 南藏有眼字
音釋
隥 丁鄧切 傍也 熠 余六切 熠熠光盛也 潰 胡對切 散也 劑 才詣切 分劑也
吳江楊士奐端徵施貲刻此
四念處經第三卷薦生母王氏往生安養 嘉興[illegible]
福道梅對 南昌艾九疇書 溧水端[illegible]志刻
萬曆辛卯孟秋清涼山妙德禪院識

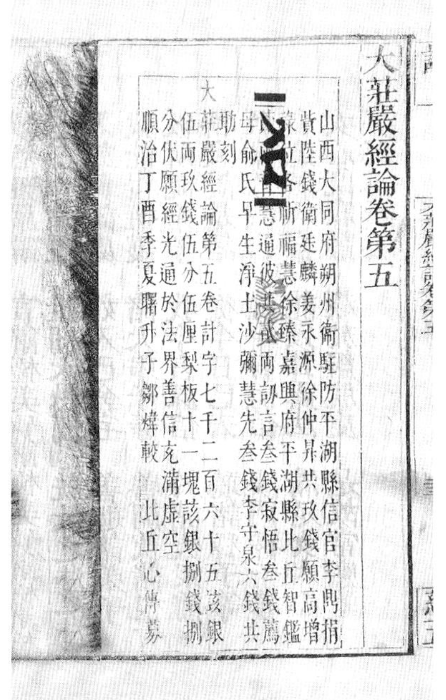

大莊嚴經論卷第五
山西大同府朔州衛駐防平湖縣信官李冑捐
貲陸錢衛廷麟姜永源徐仲昇共玖錢願高增
[illegible]祈福慧徐臻嘉興府平湖縣比丘智鑑
[illegible]慧通彼岸共貳兩訒言叁錢寂悟叁錢薦
母俞氏早生淨土沙彌慧先叁錢李守泉六錢共
助刻
大
莊嚴經論第五卷計字七千二百六十五該銀
伍兩玖錢伍分伍厘梨板十一塊該銀捌錢捌
分伏願經光通於法界善信充滿虛空
順治丁酉季夏曙升子鄒煒較 比丘心傳募

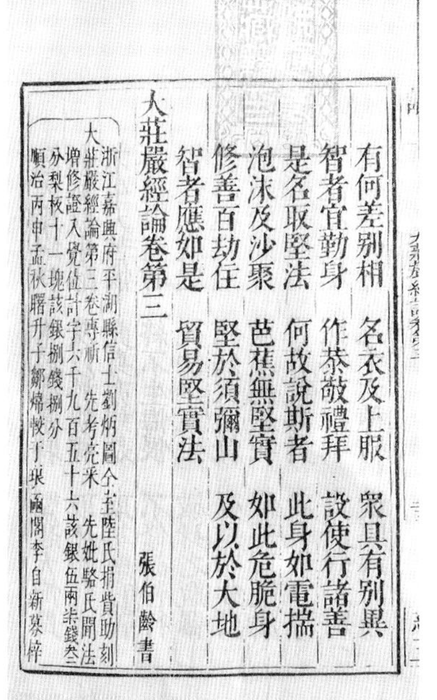

有何差別相 名衣及上服 衆具有別異
智者宜勤身 作恭敬禮拜 設使行諸善
是名取堅法 何故說斯者 此身如電揣
泡沫及沙聚 芭蕉無堅實 如此危脆身
修善百劫住 堅於須彌山 及以於大地
智者應如是 貿易堅實法
大莊嚴經論卷第三 張伯齡書
浙江嘉興府平湖縣信士劉炳圖仝室陸氏捐貲助刻
大
莊嚴經論第三卷專祈 先考亮采 先妣駱氏聞法
增修證入覺位計字六千九百五十六該銀伍兩柒錢叁
分梨板十一塊該銀捌錢捌分
順治丙申孟秋曙升子鄒煒較 于泉函閣李自新募梓

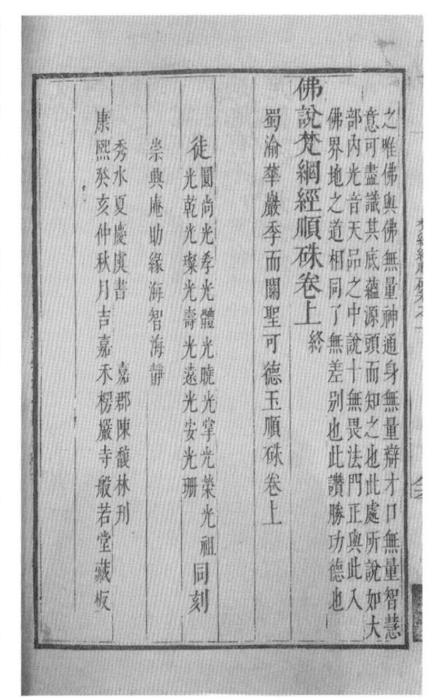

之唯佛與佛無量神通身無量辯才口無量智慧
意可盡識其底蘊源頭而知之也此處所說如大
部內光音天品之中說十無畏法門正與此入
佛界地之道相同了無差別也此讚勝功德也
佛說梵網經順硃卷上 終
蜀渝華嚴季而闍聖可德玉順硃卷上
徒 圓尚光季光體光曉光掌光榮光祖
光乾光璨光壽光遠光安光珊 同刻
崇興庵助緣海智海靜
秀水夏慶虞書 嘉郡陳馥林刊
康熙癸亥仲秋月吉嘉禾楞嚴寺般若堂藏板

《嘉兴藏》书影

《嘉兴藏》又名《径山藏》《方册藏》，《嘉兴藏》的刊刻从晚明至清中期长达 200 多年。由紫柏、密藏、袁了凡等人发起倡议，内容包括正藏、续藏和又续藏。

由于该藏经版在嘉兴楞严寺汇集印刷流通，故称《嘉兴藏》。实际上，该部大藏经的刊刻始于明万历十七年（1589），地点是山西五台山妙德庵，在四年期间刊刻有正续藏共五百二十余卷。但因山上环境过于苦寒，物资运输困难，募缘不易，故在万历二十年（1592）南迁至浙江径山寺寂照庵继续进行刊刻。由于主持刻藏的人事更迭，万历三十一年（1603），刻藏地点分散至嘉兴、吴江、金坛等地。清康熙十六年（1677），正藏、续藏部分刊刻完成，其后进行又续藏的开刻工作，雍正元年（1723）补刻工作完成，亦有学者认为又续藏的刊刻大致终止于雍正年间。

三、黄檗仪轨

隐元禅师东渡日本，目见当时日本佛教的衰弱和混乱现象，于是创建《黄檗清规》和编著《弘戒法仪》，为日本佛教提供了明代佛教的禅林制度和受戒规制，为江户日本佛教的复兴和传承提供了制度性保障。

《弘戒法仪》以明代佛教关于受戒传戒的制度仪轨，最大的特点是一改唐宋佛教沙弥戒、比丘戒、菩萨戒各自独受的戒法，为三戒次第同授的制度，即称为三坛大戒。木庵禅师于日本延宝二年（1674）在京东黄檗山开三坛大戒，登坛受戒者竟达5000多人，可见影响之大。弟子中著名的有铁牛道机、潮音道海、铁眼道光等人。隐元禅师严守戒律并注重威仪的持戒传统，使日本佛教为之一振。

《黄檗清规》由隐元禅师主编并写序，木庵禅师为编审，高泉禅师编辑，祖孙三代人共同完成。全书共分为祝釐、报本、尊祖、住持、梵行、讽诵、节序、礼法、普请、迁化等十章，包含丛林生活的方方面面，为确保黄檗宗能够传承有序，隐元禅师在序言中说作为一代开山不得不重立规制，若能遵守《黄檗清规》之法制，“庶丛林不混，而祖道可振，祝国佑民尽在是尔”，为日本佛教输入新鲜的中国佛教血液。

2019年11月22日，定明法师荣膺福清黄檗山万福寺方丈升座仪式

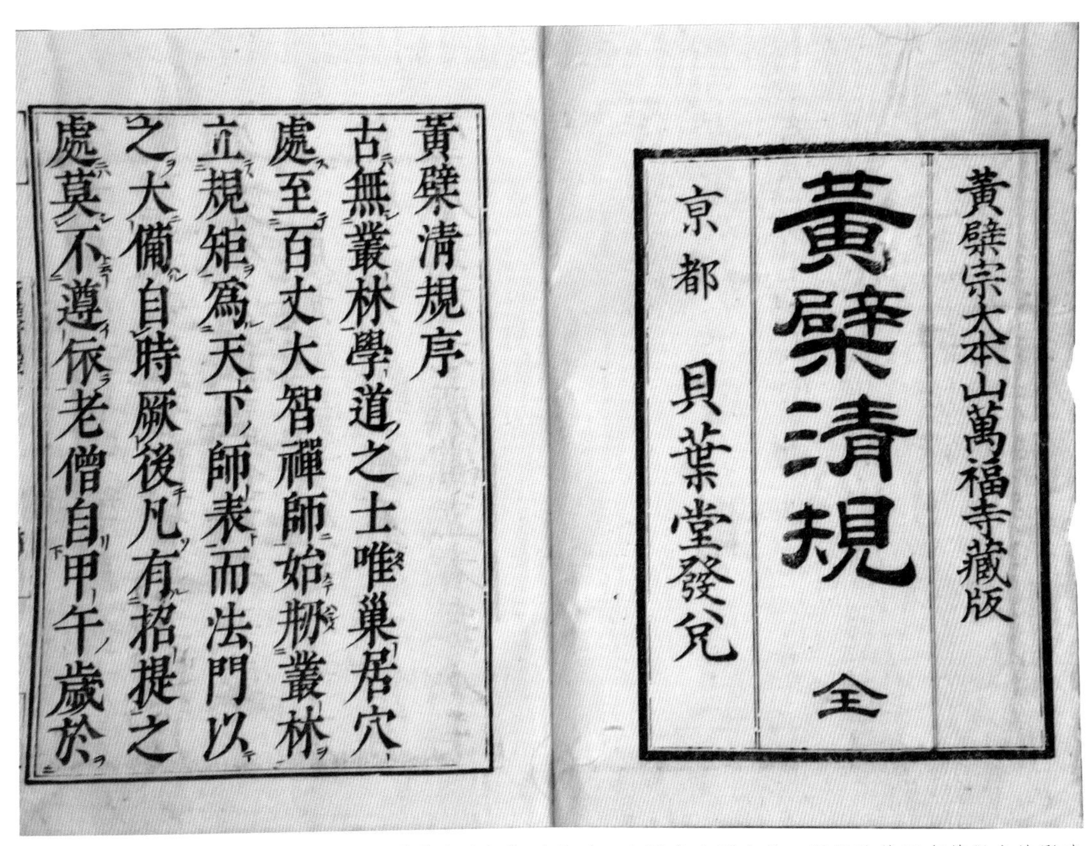
黄檗宗大本山萬福寺藏版

黃檗清規　全

京都　貝葉堂發兌

黃檗清規序

古無叢林學道之士唯巢居穴處至百丈大智禪師始刱叢林立規矩爲天下師表而法門以之大備自時厥後凡有招提之處莫不遵依老僧自甲午歲於

《黄檗清规》对当时日本禅宗各派宗统、规矩的修正有着很大的影响

清规，指禅宗寺院（丛林）组织规程及寺众（清众）日常生活之规则。即禅家僧堂关于大众行、住、坐、卧等威仪所定之僧制，为丛林众僧所必须遵守之仪则。清，为清净大海众之略称；规，为规矩准绳之意。

《黄檗清规》收于大正藏第八十二册，效法百丈清规之体，叙述黄檗宗之宗祖隐元隆琦（1592—1673）所制定之规则仪式等。

四、临济正宗

隐元禅师求学于密云圆悟禅师、嗣法于费隐通容禅师。密云圆悟禅师是晚明临济禅三十世的大宗师，于崇祯初年应邀主席黄檗，费隐通容禅师一生以振兴临济禅纲宗为己任，继密云圆悟禅师后主持黄檗祖庭，隐元禅师继费隐禅师成为黄檗中兴的第三代住持。经过祖孙三代的努力，福清黄檗山万福寺成为东南禅林重镇。特别是隐元禅师声名远播扶桑，日本长崎僧俗四度来书礼请禅师东渡，隐元禅师以63岁高龄东渡弘法，创建京都黄檗山万福寺，大阐临济宗旨，促进日本禅宗从三百余年的衰颓状态中复苏，其所传明代的临济禅迥异于日本当时固有的临济禅与曹洞禅，在明治时期被尊称为黄檗宗，成为日本禅宗三大派之一。隐元禅师除了提振纲宗外，还提倡兼容禅净融合、禅教合一、禅密相融的教法，以此广开传法之门。

隐元禅师是江户时期集禅法、书法、诗学和德行兼备于一身的高僧，日本朝野名流皈依者甚众。江户政府为确保黄檗宗传承的正统性和纯正性，在酒井忠胜将军的建议下，隐元禅师在临终遗言中写下：京都黄檗山万福寺的后续方丈人选必须是来自中国福建的隐元禅师一脉法系才能担任，这一制度一直延续到21代方丈。

隐元禅师先后7次被日本天皇敕封国师、大师的封号，其法系中木庵、高泉、铁眼等也被天皇敕封为国师，而其所开创的黄檗宗在日本共有33个塔头、25个教区，至今还有近650多所寺院。

隐元禅师手书临济宗风：《一喝起风云》

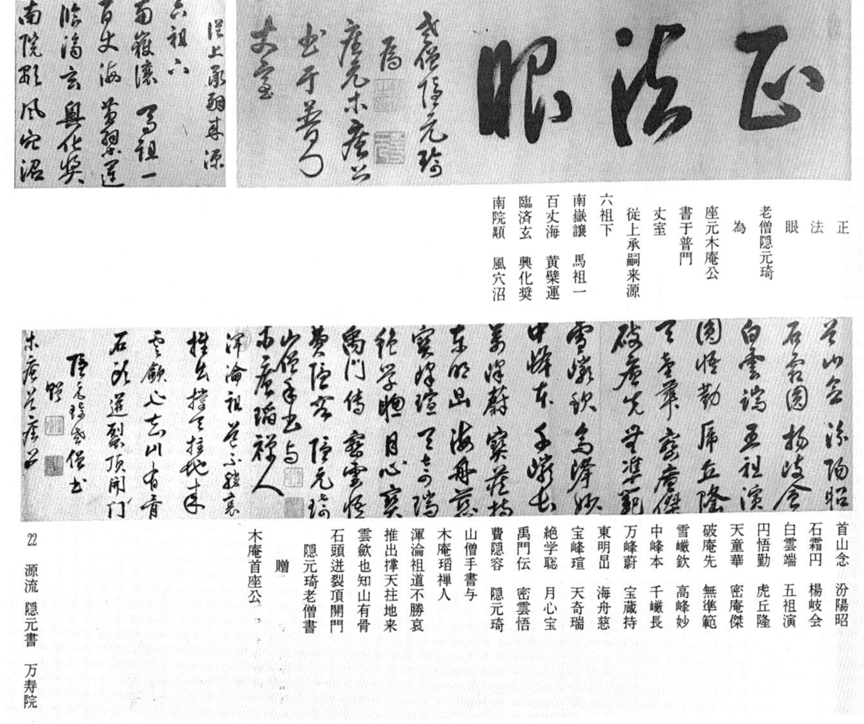

正
法
眼
老僧隠元琦
為
座元木庵公
書于普門
丈室
従上承嗣来源
六祖下
南嶽譲　馬祖一
百丈海　黄檗運
臨済玄　興化奬
南院顒　風穴沼

首山念　汾陽昭
石霜円　楊岐会
白雲端　五祖演
円悟勤　虎丘隆
天童華　密庵傑
破庵先　無準範
雪巖欽　高峰妙
中峰本　千巖長
万峰蔚　宝蔵持
東明旵　海舟慈
宝峰瑄　天奇瑞
絶学聡　月心宝
禹門伝　密雲悟
費隠容　隠元琦
山僧手書与
木庵瑫禅人
渾淪祖道不勝哀
推出撑天拄地来
雲斂也知山有骨
石頭迸裂頂開門
隠元琦老僧書
贈
木庵首座公

22　源流　隠元書　万寿院

隐元禅师在京都写给木庵禅师临济宗三十三世的传法源流文书

黄檗開山亀鑑
老僧自甲午秋応請東渡
三主法席新開黄檗迄今
十八星霜禅林規制頗成
大観天下雲衲咸所共知静
而思之雖則於此土宿有法縁
亦乃十方護法宰官居士及
在会耆徳現前衆等毘賛
之力老僧毎揣道徳荒疎
際斯法会莫不感念至意
焉玆余噐已登八旬猶如木末
残陽恐在世無多但一代開山
典儀猶関千古法係故不得
不預立規訓以暁将来汝等
遵而行之則為肖子順孫使
宗燈炳耀法脈長流与此山
同其悠久永為祝国福民之
場也否則非吾眷属勿入此
門以混清衆爰立規約併嘱
語数条于後永為本山亀
鑑衆宜知悉
一冬夏二期内外衆等倶遵聖
制禁足安禅昼三夜三究
明己躬下事為務勿擅出入
違仏教誡
一衆等専為好心学道当以
慈忍為本戒根浄潔因
果分明受十方信施須
要知慚識愧勿得飽食遊
談恣逞人我攪乱禅林
作諸魔業

一朝暮二時念誦各宜厳振
威儀随衆不得偷懶除老
病者不論
一本山及諸山凡称黄檗法属
者暨不許葷酒入山門破
仏重戒
一本山第三代住持仍依吾
法嗣中炤位次輪流推補
後及法孫亦須有徳望者
方合輿情克振之道風此
事在衆等平心公挙勿得恃
於権勢互有偏私
一歴観古来東渡諸祖嗣法
者三四代後即便断絶遂致
祖席寥々前承酒井空印老
居士護法之念嘗言本山他
日主法苟無其人当去唐
山請補使法脈縄々不断
此議甚当惟在後代賢子
孫挙而行之則是法門重
光之象也
一本山常住斎粮合供十方大
衆守護禅林祝国福民
永遠香燈之需各庵院
暨不許私分
一留鎮常住及松堂法具什
物等当另記一簿以便遞代
住持交伝勿致失脱
一本山住持与各院静主既
同宗派当以協力一心尊法
重道賛翼祖庭使遞
代化風不墜也至於諸山法
属入山亦当以礼相待勿得

隐元禅师在日本京都所写《黄檗开山龟鉴》第五条规定：木庵禅师之后，继任住持必须由隐元禅师临济法嗣才能担任

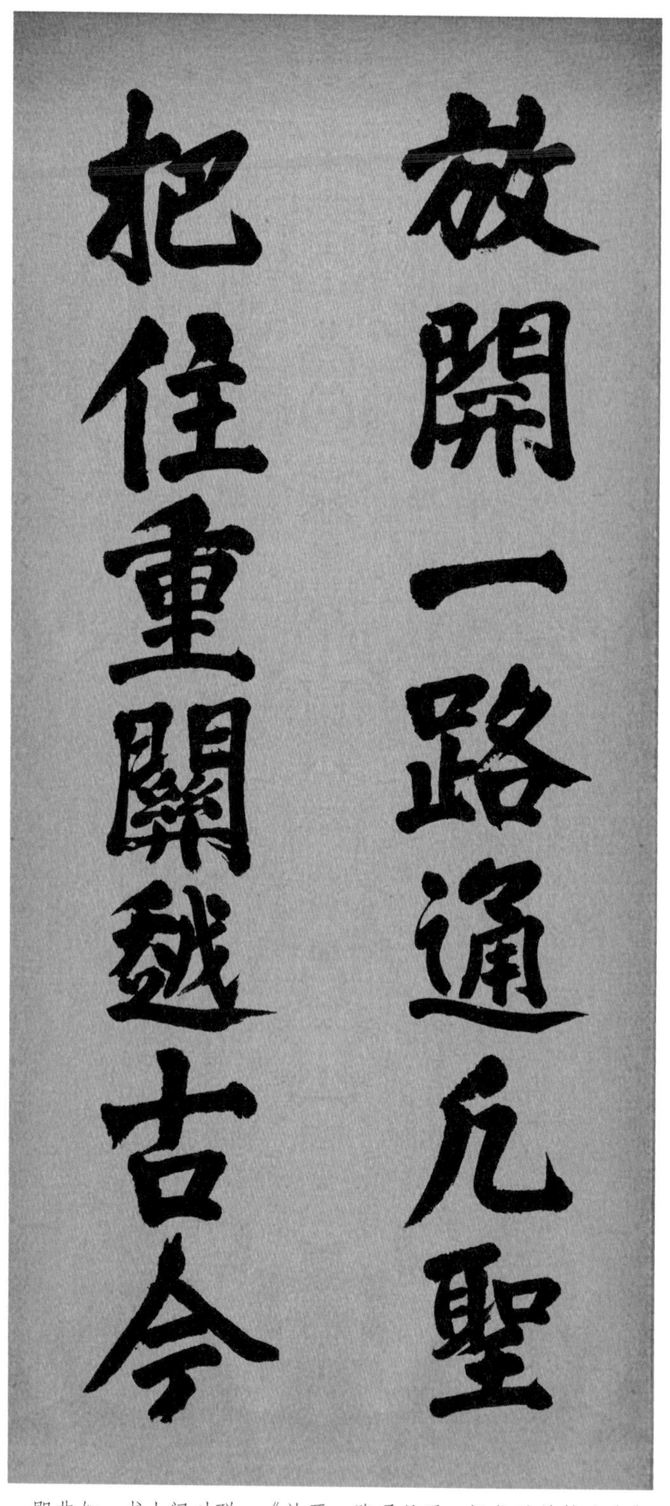

即非如一书山门对联：《放开一路通凡圣　把住重关越古今》

隐元禅师的禅法，在明末时是包融儒释道和民间先进的思想和信仰，知儒而入佛，入佛而通儒，融以中国的文化基因“孝文化”“忠精神”，在很长一段时期内影响了日本的民族精神。

图书在版编目（CIP）数据

黄檗文化之光：历久弥新的文化自信/定明主编
．—福州：福建教育出版社，2024.3
（黄檗文库．走进黄檗）
ISBN 978-7-5334-9913-6

Ⅰ.①黄… Ⅱ.①定… Ⅲ.①黄檗宗—宗教文化—研究 Ⅳ.①B946.9

中国国家版本馆 CIP 数据核字（2024）第 022397 号

黄檗文库·走进黄檗
黄檗文化之光——历久弥新的文化自信
定明　主编

出版发行　福建教育出版社
（福州市梦山路 27 号　邮编：350025　网址：www.fep.com.cn
编辑部电话：0591-83727011
发行部电话：0591-83721876　87115073　010-62024258）
出 版 人　江金辉
印　　刷　福州德安彩色印刷有限公司
（福州市金山工业区浦上标准厂房 B 区 42 栋）
开　　本　889 毫米×1194 毫米　1/16
印　　张　12.5
字　　数　336 千字
插　　页　4
版　　次　2024 年 3 月第 1 版　　2024 年 3 月第 1 次印刷
书　　号　ISBN 978-7-5334-9913-6
定　　价　88.00 元